10秒のリンパストレッチで全身がみるみるやせる！

加藤雅俊

PHP

はじめに

毎日、デスクに座りっぱなしでほとんど動いていない、ちょっと近くに買物に行くにも車で行ってしまう……という人も多いのではないでしょうか。

20代の頃より太ってしまったという人は、年齢とともにだんだんと体を動かさなくなったことが第一の原因です。

若いときより食べる量も減っているのに、逆に太っている。やはり食事量ではなく基礎代謝が低下してしまっている証拠です。

じゃあ、運動しましょう、毎日歩きましょうといっても、仕事や家事に追われていると、なかなか難しいですよね。

トレーニングやエクササイズに苦手意識のある方も多いと思います。

そこで私の考案したリンパストレッチを毎日の生活に取り入れてい

ただきたいのです。アスリートのようにがんばる必要はまったくありません。使っていなかった筋肉を動かすだけです。それだけで驚くほど効果が出ます。リンパストレッチは、インナーマッスルを効率よく刺激して、脂肪を持続的に燃焼させます。

また、筋肉はリンパの動力源、リンパの流れをよくすることで新陳代謝がよくなり、ダイエットはもちろん、体の不調もよくなるという、まさに一石二鳥なのです。

「若いときと違って新陳代謝が悪くなってきているから……」「年齢とともにやせにくくなってダイエットもたいへん……」。そんなふうに年齢を言い訳にしなくても、もう大丈夫！

いくつになっても効率的にダイエットできるのがリンパストレッチです。以前の体を取り戻すために。さあ、いますぐ実践してみてください！

加藤雅俊

ホントに簡単！ リンパストレッチ リンパメトリック 4つのポイント

POINT 1 たった これだけ！

忙しい、なんだか面倒……、体を動かすことを敬遠しがちなあなたでも大丈夫。このポーズをするだけで、体は自然にやせやすい体質に。時間はたったの10秒！

POINT 2 リバウンドは これで 卒業！

インナーマッスルに刺激を与えれば、体全体のリンパの流れがよくなり、デトックス効果も促進。新陳代謝もアップして、脂肪燃焼ボディに。

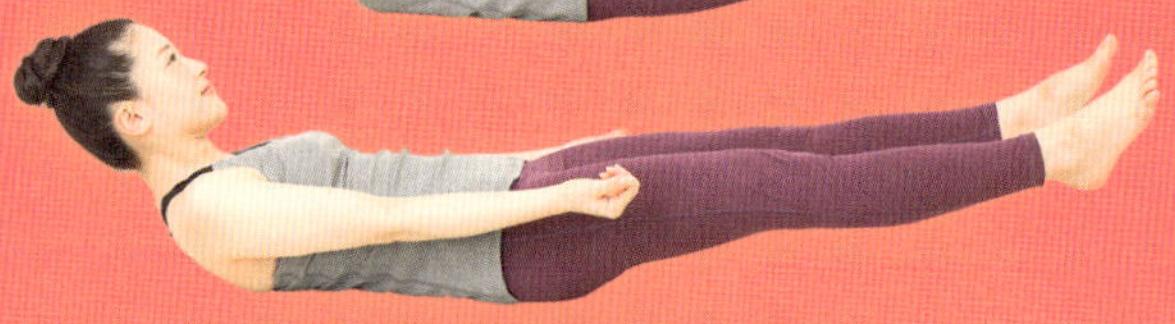

POINT 3

部分やせもできる！

引き締めたい部分の筋肉を刺激するだけで、効果的に脂肪が燃焼。しかもその効果は48時間持続します。

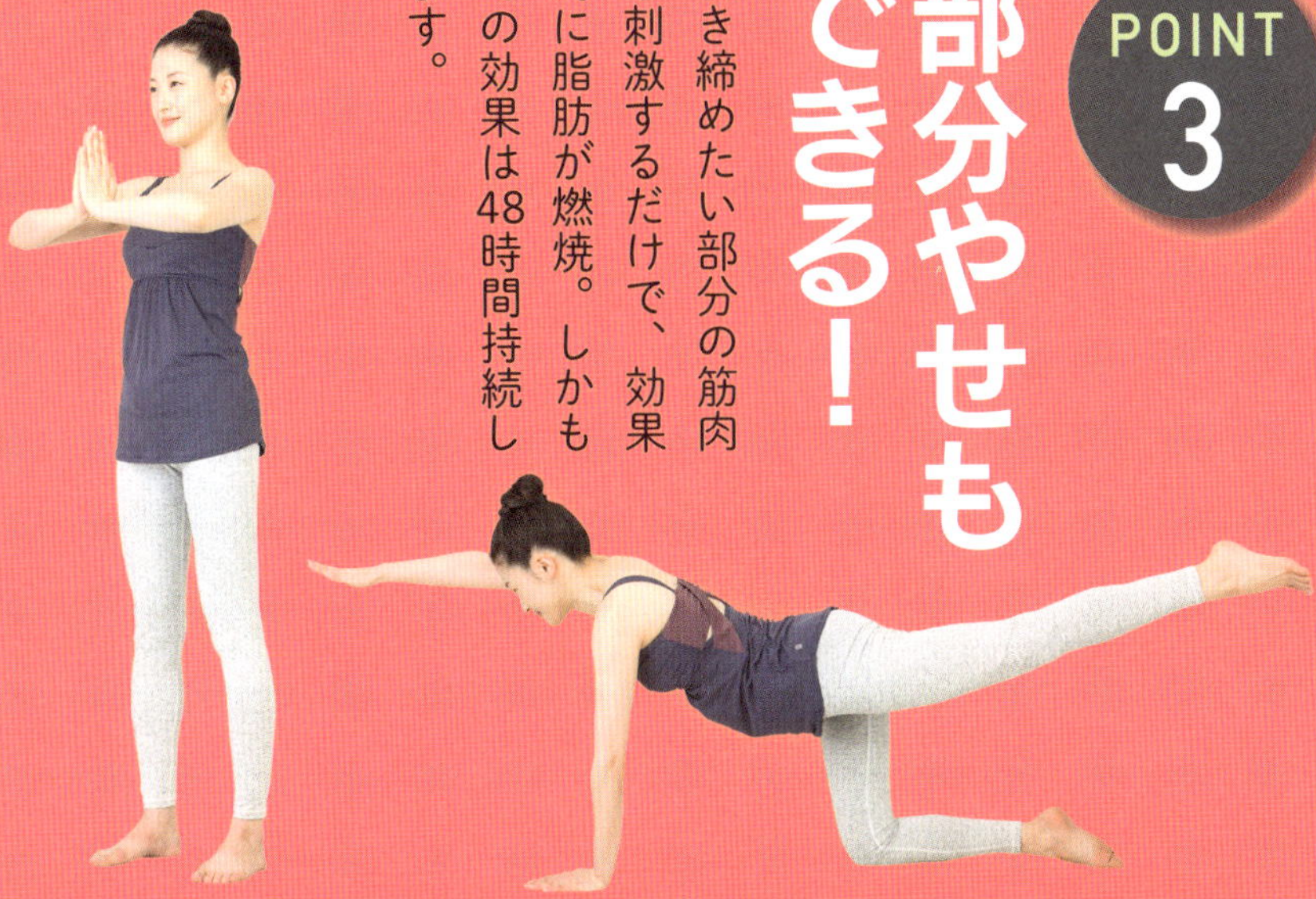

POINT 4

不調解消にも効く！

体の深いリンパを刺激して、女性特有の悩みを解消。リンパストレッチを生活習慣にして、活動代謝をあげましょう。

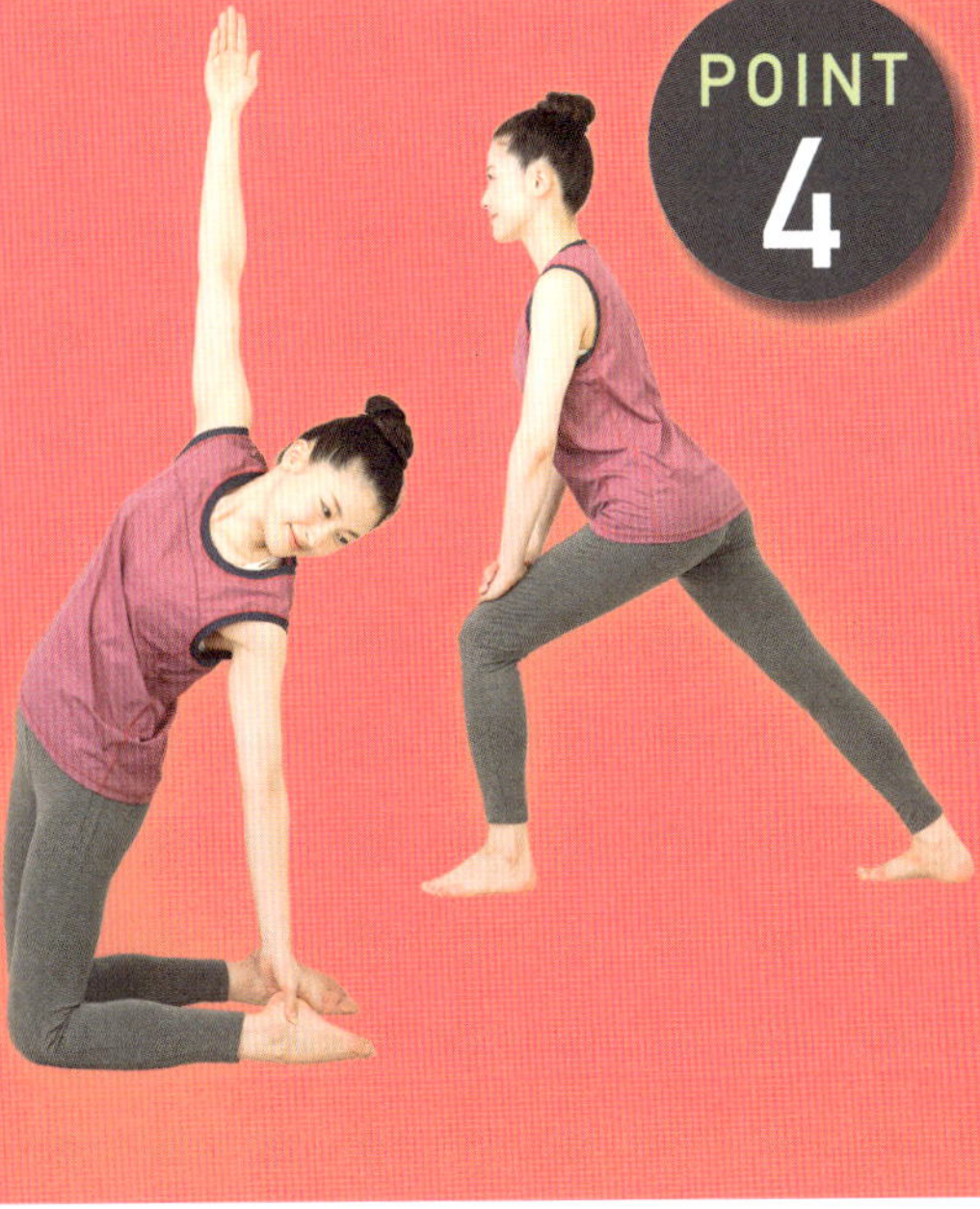

10秒のリンパストレッチで全身がみるみるやせる！

CONTENTS

1 これだけで大丈夫！
たった10秒！ 朝と夜のリンパストレッチ・ポーズ

2 リンパストレッチ&リンパメトリックで もうダイエットに失敗しない！

3 これだけやればもう太らない!
厳選 リンパストレッチ・ポーズ

4 リンパストレッチ＆リンパメトリックで気になる部分を引き締める

5 不調解消にも リンパストレッチ

装幀　朝田春未
本文イラスト　macco
撮影　三佐和隆士
ヘア&メイク　堤絢香（B★side）
モデル　大橋規子（スペースクラフト）
撮影協力　スリア／スリア銀座店　☎03-6226-5200

1

これだけで大丈夫！

たった10秒！

朝と夜のリンパストレッチ・ポーズ

「運動は苦手」「時間がない」「面倒くさい」と、
体を動かすことを敬遠している人も多いのでは。
でも大丈夫！　まずは朝と夜にこのポーズをするだけで、
体は自然にやせやすい体質に変化します。
時間はたった10秒！　体の変化を実感してみてください。

たった
これだけ!
朝のポーズ

縮んだ筋肉を伸ばし 脳をスッキリ目覚めさせる

1 あおむけになり 上下に体を伸ばす

あおむけになって、手脚をグッと伸ばす。上下に思いきり引っ張られるようなイメージで。

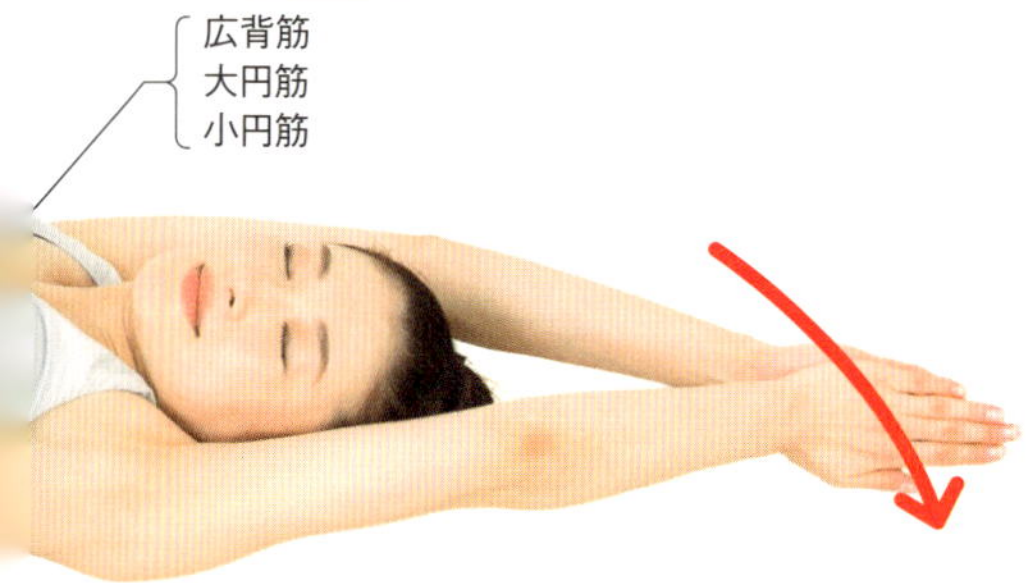

2 体をくの字に しならせる

体の中心からくの字に曲げる。キツいと感じたところで、そのまま10秒キープする。反対側も同様に行う。

10秒キープ　左右3セット

ここに効く！

リンパ　おなか、わきのリンパ

筋　肉　外腹斜筋・内腹斜筋・広背筋・大円筋・小円筋

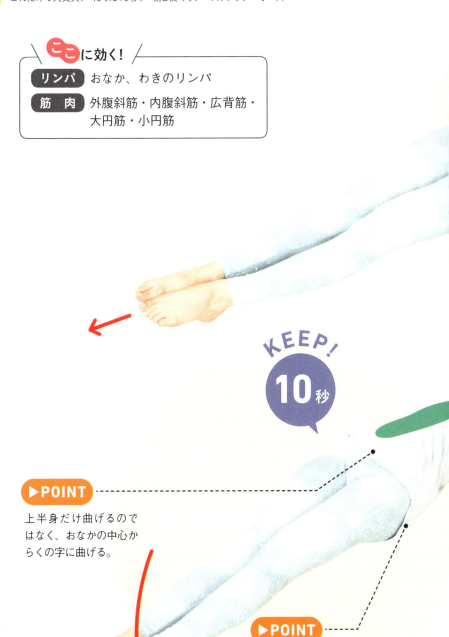

KEEP!
10秒

▶POINT
上半身だけ曲げるのではなく、おなかの中心からくの字に曲げる。

▶POINT
背中が床から浮かないようにする。

たったこれだけ!
夜のポーズ

眠っているあいだに体をメンテナンス

1 腰が浮かない位置に手をつける

うつぶせから、ひじを伸ばして上半身を起こす。最初は手を体から離したほうがやりやすい。

初級

2 上体をおなかからそらす

頭をお尻の方向へ向ける気持ちで、上体をそらす。キツいと感じたところで、そのまま10秒キープする。このポーズでおなかのたるみもスッキリする。

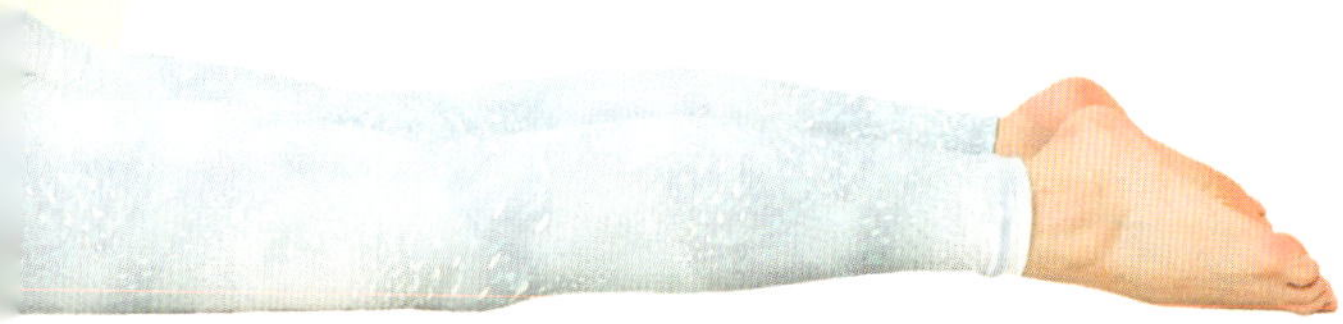

▶POINT

腰が浮かないように、しっかり床につける。
腰が浮いてしまう場合は、両手を体から離す。

10秒 キープ | 3セット

ここに効く！

リンパ おなかのリンパ

筋　肉 腹直筋

NG! 手が体に近すぎると腰が浮いてしまう。腰が床につくように手と腰の距離を離そう。

慣れてきたら手を腰に近づけて上級にトライ！

上級

昼のポーズ

疲れた体をリセットして午後を乗り切る

1

手を組んで伸びをする

手のひらを上向きにして手を軽く組み、両手を上げて伸びをする。

10秒キープ　左右3セット

▶POINT

上体を倒しながらさらに両手を伸ばすと効果が上がる。

初級

手を組むのがつらいときはタオルを使う。

2 上体を横に倒す

伸びをしたまま上体を横に倒す。キツいと感じたところで、そのまま10秒キープする。反対側も同様に行う。

ここに効く！

リンパ	鎖骨、胸、わきのリンパ
筋　肉	上腕三頭筋・大円筋・小円筋・広背筋

疲れリセットポーズ

もうひとがんばりしたいときに！

1 脚を前後に開いて腕を真横へ伸ばす

両脚を前後に大きく開いて立ち、両腕を肩の高さで左右に広げて伸ばす。

15秒キープ　左右**3**セット

KEEP!

15秒

2

背筋を伸ばして わき腹をひねる

背筋を伸ばして、わき腹をひねる。キツいと感じたところで、そのまま15秒キープする。反対側も同様に行う。

▶POINT

できるだけ重心は低くして立つ。

NG!

手だけまわすのはNG。
腰からしっかり上半身をひねる。

ここに効く！

リンパ	おなかのリンパ、そけい部リンパ節
筋　肉	大腿四頭筋・外腹斜筋・内腹斜筋

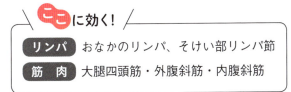

Column ①

ミオグロビンを増やして燃焼ボディに

筋肉の赤はミオグロビンの色

インナーマッスルは骨の近くにある深層の筋肉に多く存在し、持久力に耐えられるように酸素を多く蓄える赤色をしたミオグロビンが含まれているので、別名赤筋ともいわれています。

インナーマッスルとは対照的に体の表面近くにあるアウターマッスルは、瞬発力にすぐれたパワー型の筋肉で、ミオグロビンが少なく白色をしているので白筋ともいわれています。

実は、脂肪燃焼には多くの酸素を必要とするので、やせ体質にしたいのなら、ミオグロビンを増やすことが一番の近道なのです。

リンパストレッチでミオグロビンを増やす

たとえば、マグロなどの魚が赤いのは、回遊魚で常に泳ぎ続けなければならないため、ミオグロビンをたくさん持っているからです。対して白身のタイやヒラメは、瞬発力はありますが海底でじっとしている時間も長く、ミオグロビンが必要ありません。

人間も同様です。インナーマッスルを普段使わず太りやすい人の筋肉の色は、サーモンピンク。ミオグロビンが少なく、脂肪が燃焼しにくいのです。

そこで、インナーマッスルを鍛えてミオグロビンを増やすリンパストレッチに加え、短時間で効果が持続するリンパメトリックを加えることで、あなたの筋肉も真っ赤になり、引き締まった太りにくい燃焼ボディが手に入ります。

2

リンパストレッチ&リンパメトリックでもうダイエットに失敗しない!

これまでチャレンジしてきたダイエットがうまくいかないのは、
方法が間違っていたからかもしれません。
リンパにはどんな仕組みや働き、役割があるのかを知れば、
リンパストレッチやリンパメトリックが
どうしてダイエットや美容、不調改善に効果があるのかがわかります。

あなたのダイエットは間違っているかも?!

Check!

あなたはダイエットのためにどんな運動や食事をしている?

- □ダイエット目的で食事制限をしている
- □カロリーに気をつかっている
- □食事は和食中心だ
- □お肉をひかえて野菜を食べている
- □メタボを気にして腹筋運動をしている
- □水泳をしている
- □ウォーキングをしている

▼食事や運動をチェック!

あなたは、いま、どんなダイエットをしていますか?

まずは上のチェックリストで、どんな食事や運動をしているのかチェックしてみてください。

ひとつでもあてはまるようなら、いまのダイエットを見直したほうがよいかも。ダイエットが成功しない原因になっているかもしれません。

食事制限するからリバウンドするんです！

多くの人が一度は試してみるのが、食事制限によるダイエット。「食事の量を減らせば、今よりやせるだろう」と、誰でも思います。でも実際は、食事制限でダイエットしても、必ずといっていいほどリバウンドしてしまいます。

その反対であなたの周りにも「やせの大食い」といわれている人がいませんか？ いくら食べても太らない人です。食事制限をまったくしていないのに、なぜ太らないのでしょう？ あとのページでくわしく解説しますが、太る人と太らない人の決定的な違いは、食事の量ではなく代謝です。「やせの大食い」の人は、食べたぶんがしっかりと代謝されているのです。若い頃は、お腹いっぱい食べたのにすぐお腹が減ったなど経験があると思います。

それに対して、ダイエットで食事制限をしていると、エネルギー不足で逆に代謝の悪い体になっています。たとえ、一時的に体重が落ちても、熱エネルギーをつくる筋肉が減ってしまっては、手足は冷えきっていて、顔色も悪い、不健康なダイエットになってしまいます。そして、食事制限をやめたときに、エネルギーに使われる筋肉がないので、食べたぶんがまた体にためこまれて、必ずといっていいほど、リバウンドしてしまうのです。

水泳やウォーキングではダイエットできない

ダイエットのために、「スポーツクラブで水泳をしている」「毎日歩いている」という人も多いでしょう。

体を動かすこと自体は健康によいので、ぜひ続けてほしいのですが、ダイエットとしてはどうでしょう？ 毎日続けても、やせないという人がほとんどなのではないでしょうか。

水泳によるダイエットは、地上では膝が悪くなるお相撲《すもう》さんのような体重の人向きで、体を引き締める目的では難しいのです。ウォーキングも同じで、体が温かくなるまで時間がかかります。そこから少しずつ脂肪が燃えだすので、半年以上の長期戦向きです。あと、普段体を動かしていない人たちがいきなり長期戦となると、腰や膝など体に故障を起こしかねませんね。

健康によい ダイエットをする

誰だって食事制限や筋トレのような運動はなるべくならやりたくありません。そして、嫌なことを一生懸命がんばっても、ダイエットの効果が出なければ、結局長続きしませんよね。

そこで、リバウンドなしで効果的なダイエット法をご紹介します。

それは、今の食生活を変えず、普段の生活をしていても脂肪が燃焼してやせられる、「やせの大食い」のような人。そう、代謝のよい人になるためのダイエットです。やせて不健康になるのではなく、健康のためにするダイエット。

それが、私の考案したリンパストレッチなのです。

リンパを流すことでやせやすい体になる

Check!

あなたのリンパは滞っている?

□肌荒れ、くすみなど肌トラブルが多い
□朝起きたとき顔がむくみ、夕方になると脚がむくむ
□夏でも手足が冷えている
□食べる量を減らしているのにやせない
□体温が 35 度台だ
□慢性的な肩こりだ
□生理不順である
□寝ても疲れがとれない

私の考案したリンパストレッチは、体の代謝を高め、ちょっと体を動かすだけで脂肪燃焼のスイッチがオンになり、効率的にダイエットできるストレッチです。

ストレッチの内容は、あとでくわしく紹介しますが、まずは、リンパにどのような役割があるのかご説明しましょう。

有害な物質を回収する「浄化機能」

体のなかにはリンパ管が、血管

にそって網目のように張り巡らされ、リンパ液が体内を流れています。リンパ管は体内で不要になった老廃物や体に有害な物質を回収しています。

そのリンパ管の要所要所にあるのがリンパ節。リンパ節は、おもに首やわきの下、そけい部（脚の付け根）、ひざ裏などにあるリンパ管の中継地点で、大小約800個ほどあり、ウイルスや細菌が体内の中心部に入らないようにフィルターの役割を持っています。

老廃物やバイ菌やウイルスはリンパ節のフィルター内で浄化されるので、つねにリンパ液はクリーンな状態が保たれます。

▼病気から体を守る「免疫機能」

浄化機能とともに、リンパの重要な役割が「免疫機能」です。リンパ節のなかでは、白血球の一種で、最強のリンパ球がつくられています。そのリンパ球が体の外から入ってくるバイ菌やウイルスを撃退し、全身に広がるのを阻止してくれているのです。私たちが病気にかかるのを防いでくれているんですね。

撃退したバイ菌やウイルスの残骸は、リンパ節でつくられるマクロファージという掃除屋がいて食べてくれるので、リンパ節は常にクリーンな状態です。

風邪を引いたときに、「リンパが腫《は》れる」という症状が出たことのある人もいるでしょう。耳の下の首すじなどをさわったときに少しふくらんでいるのがリンパ節です。風邪などでリンパ節が腫れてしまうのは、リンパが菌とまさに戦っている最中。リンパがしっかり機能している証《あかし》です。

▼リンパの流れが滞ると不調や病気が出てくる

ところが、リンパの流れが滞ると、むくんだり、疲れやすくなったりという体の不調が出てきます。ひどくなると免疫機能が低下して、重篤な病気をともなうこともあります。

29ページのリストにチェックが入った人は注意が必要。あなたのリンパの流れは滞っているかもしれません。

目に見えないため、普段の生活であまり意識できないリンパですが、体にとって、とても大切な役割があることがわかっていただけたでしょうか。

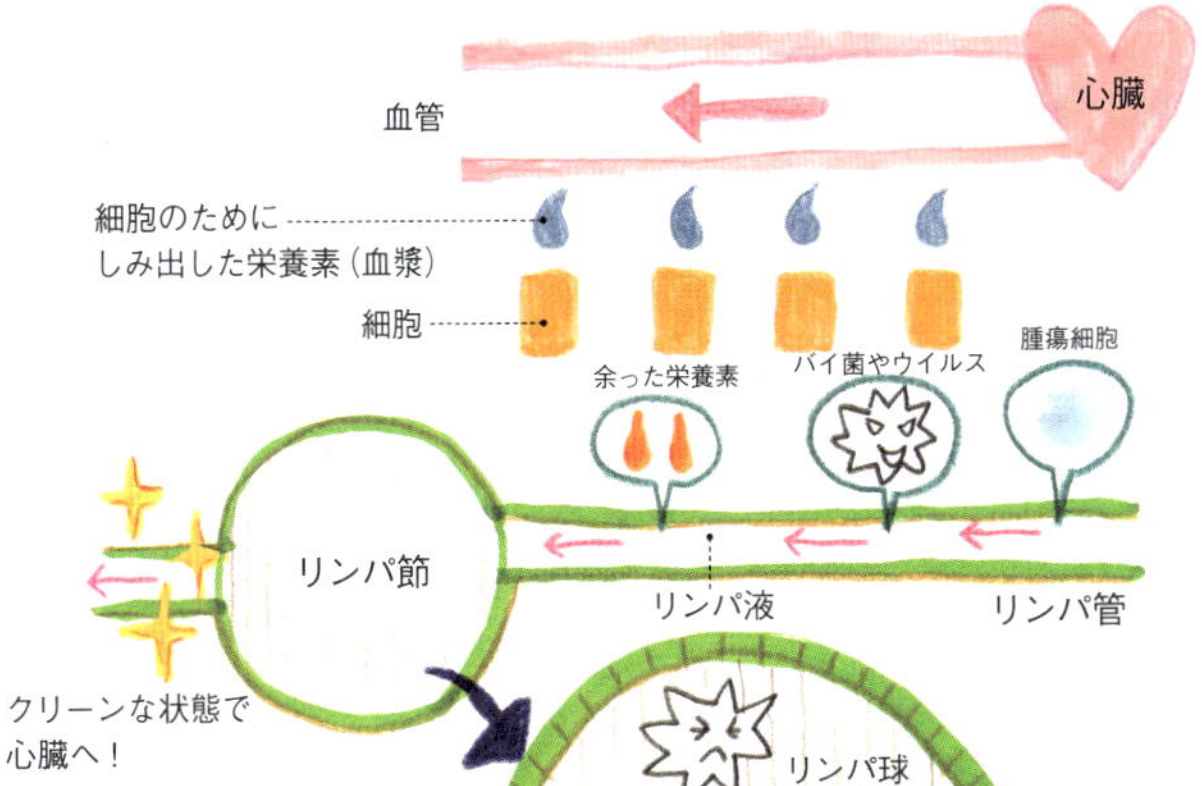

リンパの役割①
浄化

使われなかった栄養素の余りや有害な物質をリンパ管が回収。リンパ節のメッシュフィルターでろ過し、栄養素だけを運ぶ。リンパはクリーンな状態を常に保つための浄化システムなのです。

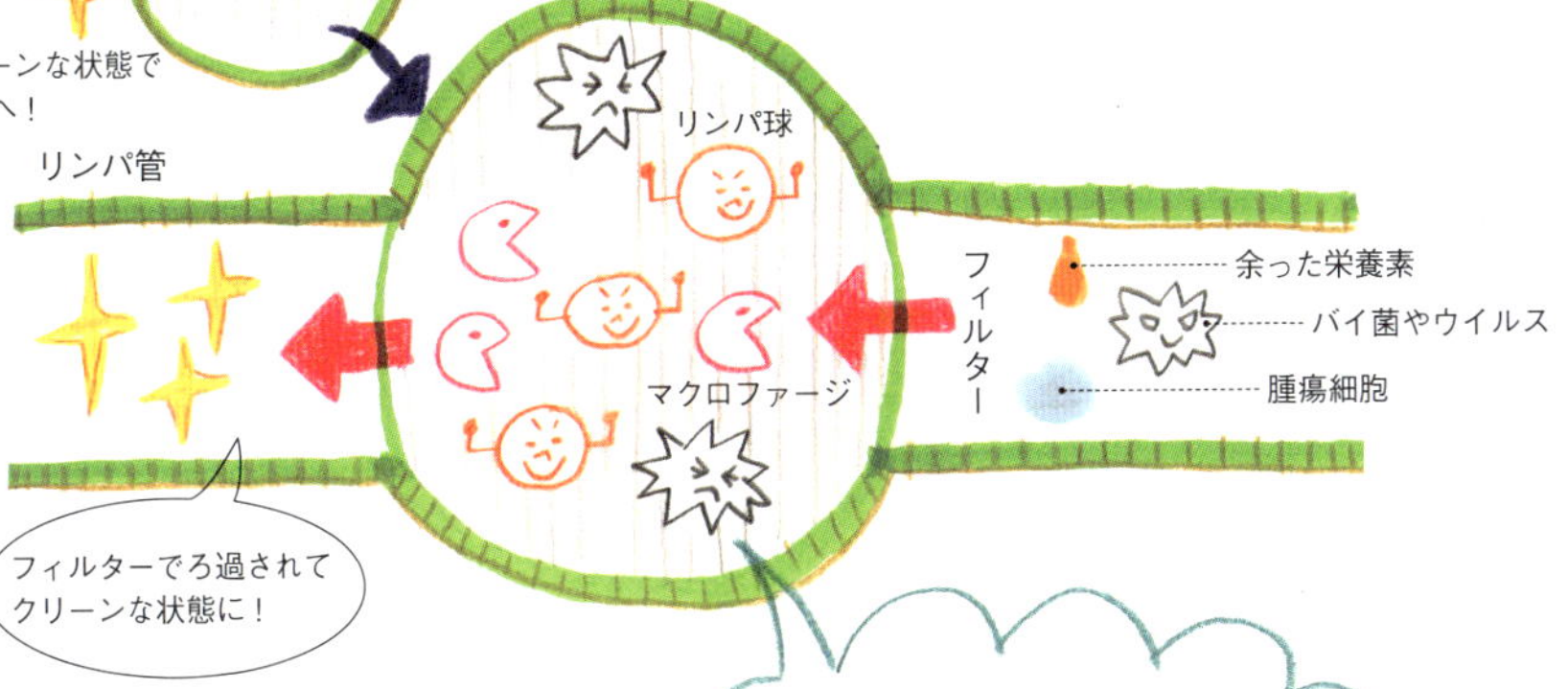

リンパの役割②
免疫

リンパ節内では“最強の白血球”であるリンパ球がつくられていて、これがバイ菌やウイルス、腫瘍細胞を撃退。細胞の残骸を食べるマクロファージもつくられ、体を守っています。

リンパの流れがよくなるとやせやすい体になる

リンパの流れが悪くなって余分な老廃物がたまるということは、新陳代謝が悪いということです。運動や食事制限をしてもやせないのは、リンパが滞っているから。「やせの大食い」の人のように代謝をよくするために、体のなかから変えていかなければなりません。

リンパの流れがよくなれば、むくみやたるみが改善し、体がすっきりしてきます。また、あとでくわしく解説しますが、リンパを流すには、筋肉が大きな役割を果たしています。リンパの流れをよくするということは、筋肉を刺激するということ。筋肉を動かすことで脂肪が燃焼します。それがリンパストレッチなのです。

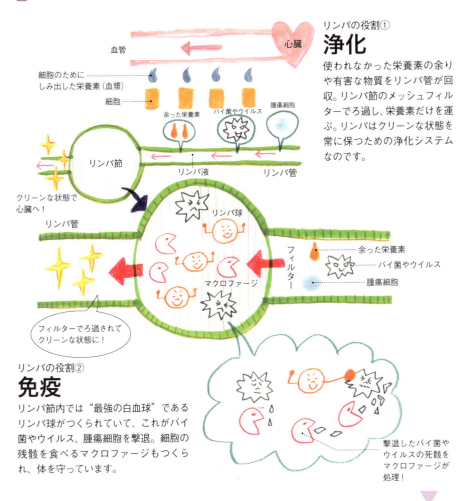

リンパを流すためには筋肉を刺激する

リンパと血液の流れの違い

　ではどうやったら、リンパは滞ることなく体のすみずみまで流れていってくれるのでしょう。

　血液はポンプ役である心臓から出て体内を巡り、また心臓に戻ってきます。それに対してリンパ液は、手足の毛細リンパ管を起点として心臓まで一方通行。老廃物を回収し、リンパ節を通るたびに浄化しながら、最後はクリーンなリンパ液が心臓へと流れていきます。

　また、リンパの流れは左右が非対称。体の左側のほうが広い範囲に分布しています。

　左側のリンパは両脚、おなか、腰、左上半身を流れています。右側は右腕、右上半身を流れています。

　左右とも最終的にはそれぞれの鎖骨の下にある鎖骨下静脈に流れ込みます。

筋肉がリンパのポンプ役に

　このように全身から、一方通行で心臓へと流れるリンパですが、このときリンパのポンプ役になるのは、実は筋肉なのです。リンパは筋肉をポンプ役として体内を移動していきます。

　ですから、あなたが体を動かせば動かすほど、リンパの流れはよくなります。リンパを流し、体の新陳代謝をよくするためには、体を動かすことが一番効果的なのです。

リンパの流れがよくなると美しくダイエットできる

食事制限などの無理なダイエットで、「肌が荒れた」「疲れやすくなった」「風邪を引きやすくなった」という人が多いのですが、体型がスリムになっても体がボロボロでは、せっかくのダイエットも台なしです。でもリンパストレッチなら、新陳代謝がよくなるので体調にも美容にもよい効果があります。リンパストレッチでのダイエットのメリットはここにあります。

リンパストレッチでダイエットをすれば、細胞レベルから美しくなれます。

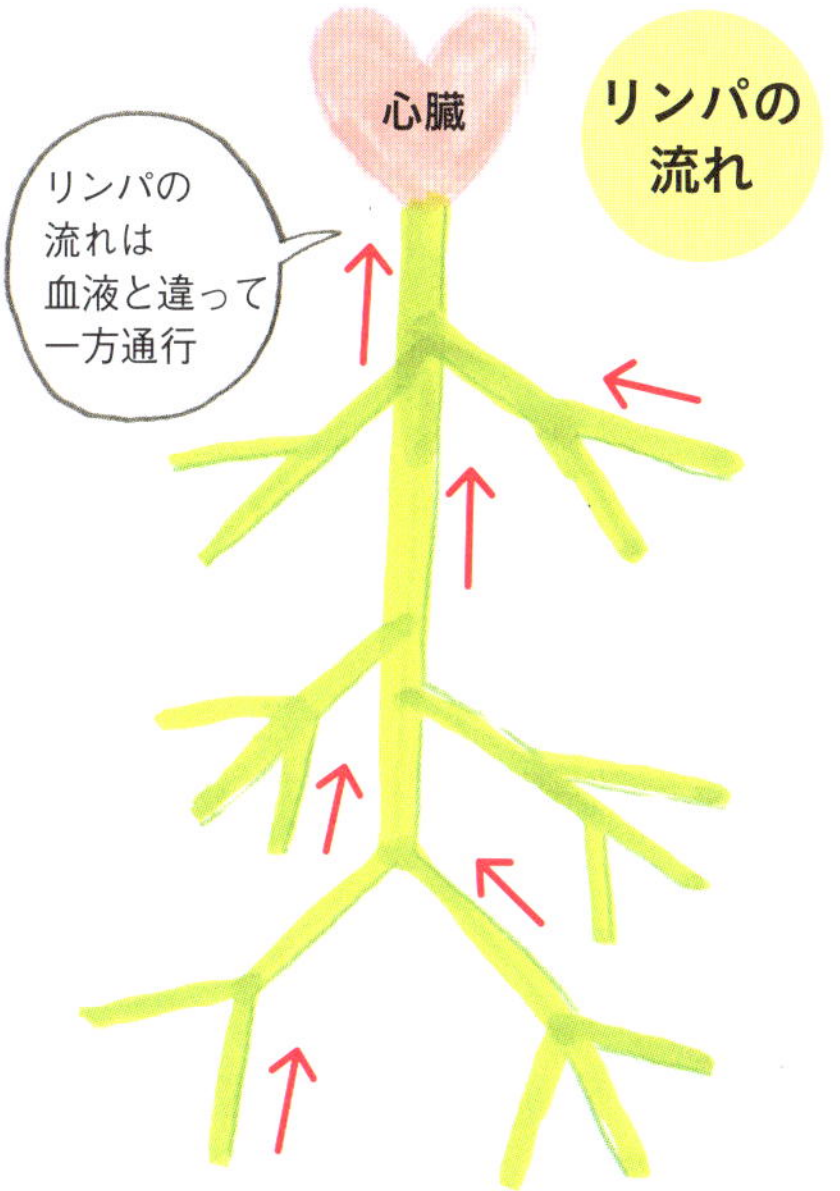

手や足先から始まるリンパは、
静脈に合流して心臓へ流れ込む。

リンパのスタート地点は、手足の指先などの毛細血管です。血管からしみ出した栄養素の回収や細菌の退治、老廃物の除去をしながら太いリンパ本幹へ流れ、鎖骨の下にある鎖骨下静脈に合流したあと心臓へ一方向に流れます。

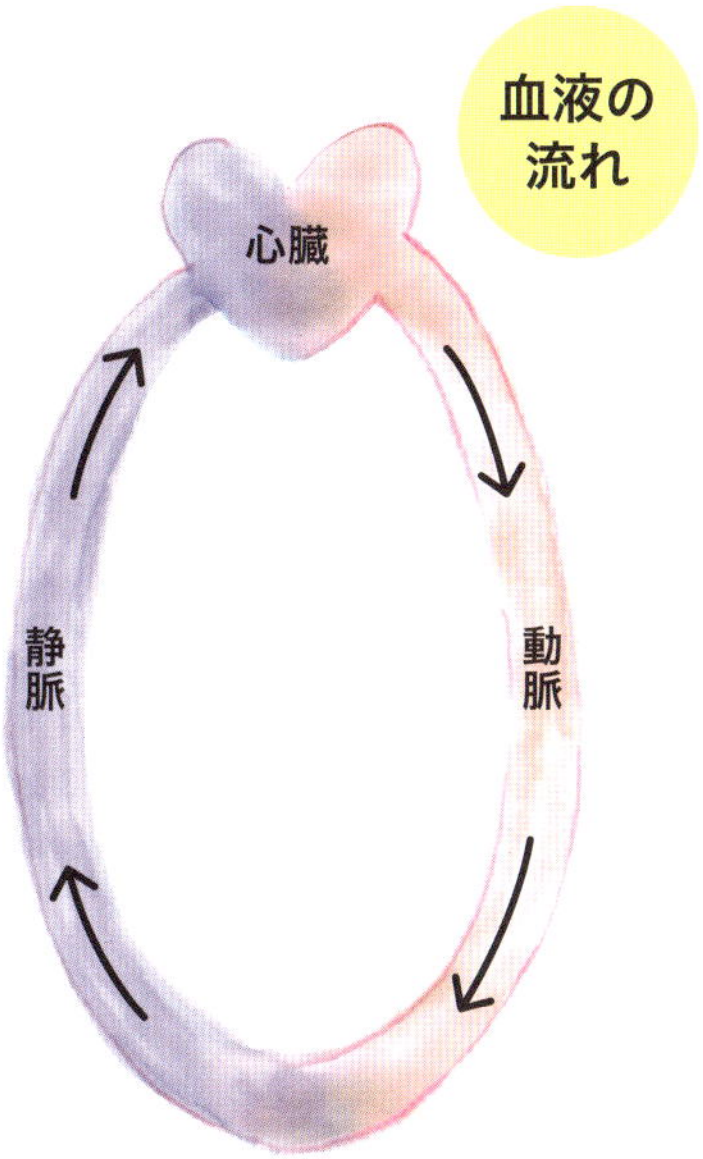

心臓から送り出される血液は、
動脈、静脈を通して全身を循環。

血液は、心臓を起点に動脈→臓器→静脈→心臓というルートで循環しています。動脈を通して、細胞に必要な酸素や栄養素が全身に運ばれ、静脈によって、体の各部で生じた二酸化炭素や老廃物が運び出されます。

インナーマッスルを刺激してすみずみまでリンパを流す

筋肉を刺激して効率よくダイエット

リンパの流れをよくするためにはポンプ役の筋肉の動きをよくしなければいけません。

でもなかなかやせない人は、筋肉がかたくなっていることが多いのです。

使っていない筋肉周辺は、脂肪の貯蔵庫になってしまいます。

リンパの流れをよくして、脂肪を燃焼させるためにも、筋肉を刺激することが大切です。

筋肉を刺激するというと、筋肉が太くなると思っている人も多いのではないでしょうか。

心配はいりません。リンパストレッチでは、筋肉を刺激しても太くなることはないのです。

筋肉はインナーマッスルとアウターマッスル

筋肉は、インナーマッスルを芯にしてアウターマッスルが周りを囲み、束のような構造になっています。アウターマッスルは瞬発力が求められるときに使われ、インナーマッスルは持久力が求められるときに使われる筋肉。アウターマッスルのことを白筋《はっきん》、インナーマッスルのことを赤筋《せっきん》とも表現されます。

インナーマッスルは脂肪を燃焼させる

一般的に筋トレといわれるのは、アウターマッスルを鍛えるトレーニング。アウターマッスルは

1本の筋繊維が束になって筋肉になる。

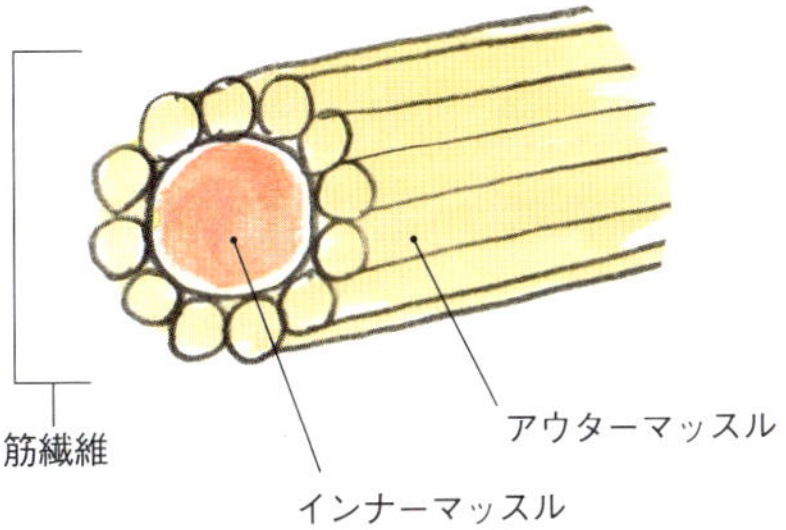

インナーマッスルを
アウターマッスルが取り巻く。

1本の筋繊維の中にもインナーマッスルとアウターマッスルがあります。芯となるインナーマッスルの外側をアウターマッスルが取り巻く構造の繊維が束になり、筋肉になります。

リンパストレッチをすると…… ← **じっとしていると……**

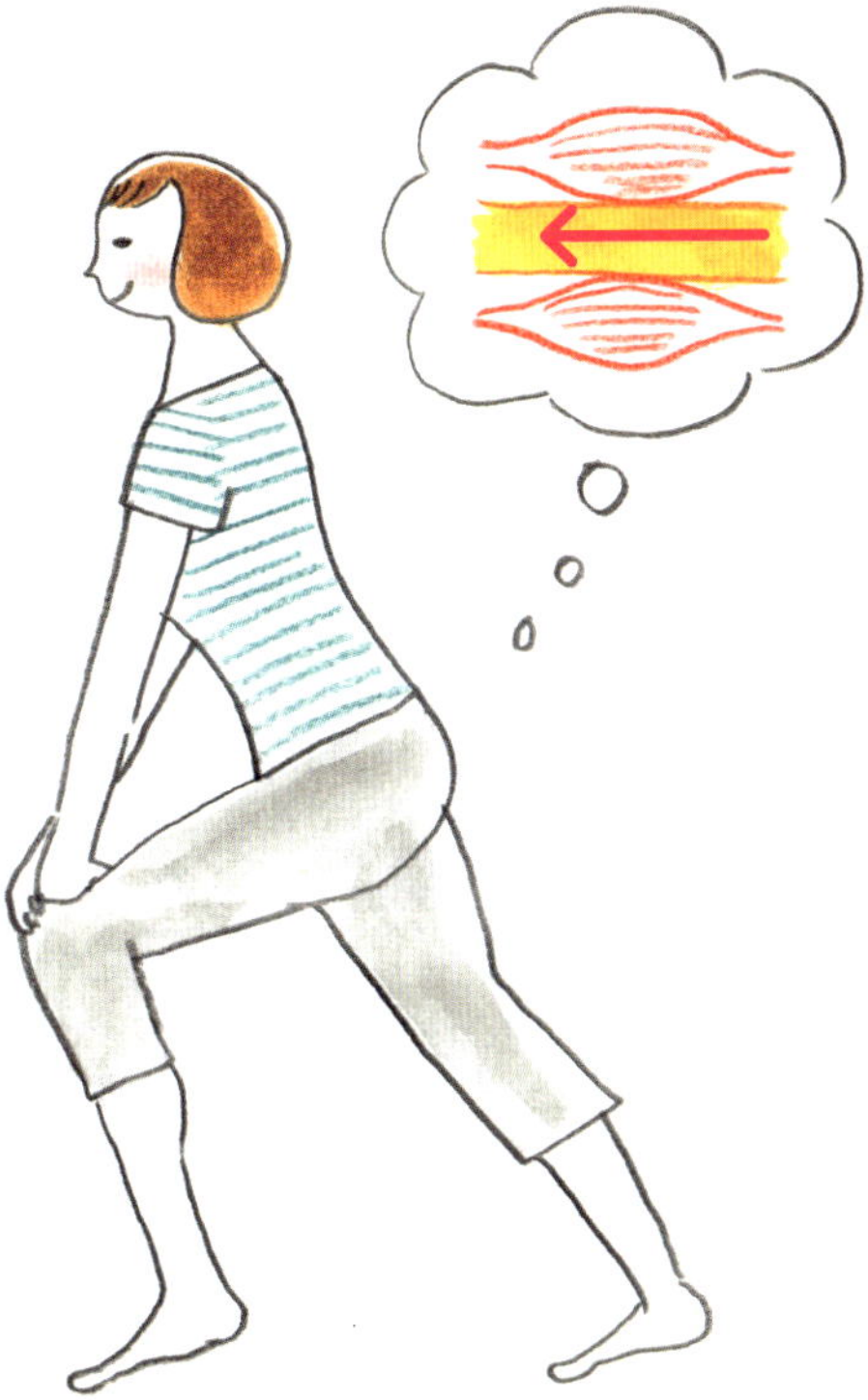

筋肉が伸びて、
リンパが流れやすくなる。

筋肉がリンパの流れを邪魔する。

瞬間的な動きに適した筋肉。鍛えれば鍛えるほど太くたくましくなります。陸上の短距離選手が筋肉隆々なのはそのためです。

　アウターマッスルが動くためのエネルギー源はブドウ糖なので、ダイエット向きの筋肉ではないことがわかります。

　一方、マラソン選手には筋肉隆々の人はいませんよね。マラソン選手は持久力運動に適したインナーマッスルを鍛えています。

　インナーマッスルは鍛えても太くなることはありません。そして、栄養源として、脂肪を燃やし、エネルギーをつくります。

　リンパストレッチはインナーマッスルを刺激する脂肪燃焼エクササイズなのです。

眠っているインナーマッスルを目覚めさせる

　毎日、無理して筋トレをする必要がないのは、あなたの体にまだ使っていない「眠っている筋肉」があるはずだから。その筋肉を目覚めさせ、全身で少しずつの脂肪燃焼をさせれば、ゴールがぐっと短くなるはずです！

長時間の運動が得意な
インナーマッスル

持久力に優れ、繰り返しの運動に強いスタミナ型の筋肉。脂肪をエネルギー源としているため、インナーマッスルを刺激するリンパストレッチとリンパメトリックは、より多くの脂肪を消費することができます。

素早い動きが得意な
アウターマッスル

瞬発力に優れ、筋肉が速く伸び縮みをする運動をしたときに使われます。無酸素でも燃焼できるブドウ糖をエネルギー源とし、鍛えると太くたくましくなるのが特徴です。

リンパストレッチで効率的にダイエット

あなたのストレッチは間違っているかも……

リンパには浅いリンパと深いリンパがあります。浅いリンパは皮ふのすぐ下を流れているので、やさしく圧力をかけるリンパマッサージで刺激します。肌の新陳代謝をよくするので美容に効果的です。対して深いリンパは、インナーマッスルの周辺を流れています。リンパストレッチは、深いリンパの流れをよくして、インナーマッスルを刺激して脂肪を燃焼させるので、ダイエットに向いているのです。

なかには「私は毎日全身のストレッチをしている」という人もいるかもしれません。でも、私がストレッチ教室をしていて実感するのは、初めて参加する人で正しくストレッチできている人は少ないということ。

具体的な方法は48ページから紹介しますが、ストレッチというと、筋肉をただ伸ばすだけでよいと勘違いしている人がほとんど。

正しいストレッチの注意点は、①キツいと思うところまで伸ばして10秒間キープする、②動かしながらでは筋肉は伸びない、ということです。

効率よくやせ体質をつくるのが、ダイエットの近道

私の持論は「努力は報われない」です。もし報われるのなら、スポーツ選手はみんな、オリンピックでメダルをとれるはず。ス

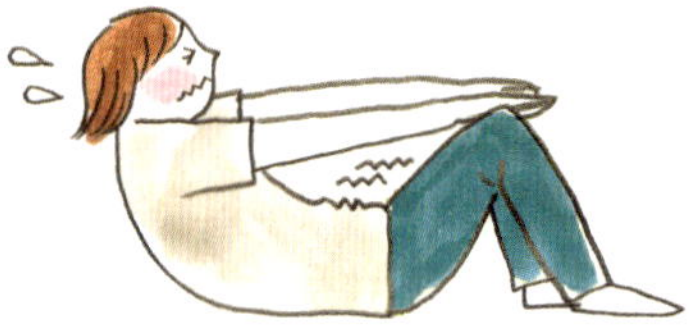

ポーツ選手ならみな死にものぐるいで努力しているはずです。

　私がスポーツトレーナーを指導するときに言っているのが、時間を長く練習すれば、結果が出るわけではないということです。いかに効果のある練習をするかです。

　ダイエットも同じです。間違ったダイエットをしていれば、どんなに努力していてもなかなか目標にたどりつくことはできません。目標を達成するには、時間の長さよりも、いかに効率よく目標に近づくかを考えることです。

　ウエストを引き締めるために腹筋運動をしているという人がいますが、腹筋の筋肉は腹直筋といってとても細くて小さいのです。そんな筋肉をいくら刺激してもコップでお風呂の水をくんでいるようなもの。同じ回数で効果をあげるなら、実は背中の大きな筋肉を動かしたほうが、それだけ脂肪燃焼の効率があがります。

　いくらがんばっても、遠回りしていては、ダイエットの効果がなかなか出ませんし、効果が出なければ、どんどんモチベーションも下がってきてしまいます。

　どういう筋肉をどう刺激すればいいのかを知って、効率よくダイエットをしていきましょう。

　ダイエットのために、体を動かしたいけれど、「忙しくて、暇がない」「時間がもったいなくて、ついタクシーに乗ってしまう」。その気持ち、よくわかります。ダイエットのために、時間やお金を費やして努力するのは大変です。でもリンパストレッチなら、家事や仕事に忙しいあなたでも、無理なくダイエットできますよ。

食事制限なんかいらない！

食事制限だけではダイエットは無理

食事制限でのダイエットは効率が悪いと繰り返し述べてきましたが、もう少しくわしく見ていきましょう。

自分が学生だったころを思い返してみてください。どんなにご飯やお肉、甘いものを食べても、今のようにすぐ太ってしまうということはなかったはずです。

人間は食べ物を消化するだけでも、1日の代謝エネルギーの1／3を使います。若いときは新陳代謝も活発ですから、カロリーの高いステーキを食べようがきちんとその分、代謝されていました。

若いときにくらべ、食事の量が減っているのにもかかわらず太ってきているなら、代謝が悪くなっている証拠です。

太りたくないからと、以前より食事の量を減らしているという人も多いでしょう。たしかに食事制限をすれば、最初は体重も減るかもしれません。でも長く続けるのには無理があります。そして、好きなものを好きなときに食べられないのは、とってもストレスになりますよね。

食事制限をすると不調をまねく

もちろん食事に気をつけることは大切です。生活習慣病という名称があるように、食事をはじめとする毎日の生活習慣で体ができているからです。

でもそれは、毎朝バナナだけ食べる、糖質はとらない、食事はサラダだけ……というようなかたよった食事をすることではありません。バランスよく栄養素をとっていただきたいのです。

とくにたんぱく質は大切です。人間の体の生成にはたんぱく質の中のアミノ酸が欠かせないからです。アミノ酸は血液、髪の毛、筋肉など人間にとって重要なパーツをつくる役割を担っています。

また、アミノ酸は体の免疫やメンテナンスにも必要。野菜や果物では、人間の体をつくるほどのアミノ酸の量はありません。

食事制限をして人間の体に必要な栄養をとらないのは、体を健康で美しく保つためにマイナスにしかならないのです。

ダイエットは体を動かすしかない

健康的に美しくダイエットするには、結局は体を動かすしかありません。

「なんだ、やっぱり結局運動じゃないか」という人には、がっかりさせてしまったかもしれません。でもご心配なく。私の考案したリンパストレッチなら、「1日8000歩、歩いてください」「筋肉を鍛えましょう」という、トレーニングのような動きは必要ありません。

必要な時間は、1回たった10秒。しかもポーズによっては、ひとつのポーズで複数の筋肉を刺激することが可能なので、とても効率よくダイエットできます。

たった10秒体を動かせばダイエットに効果が

リンパの流れが悪くて新陳代謝が悪い人や、無理なダイエットをしていてエネルギー不足の人に多いのですが、体温がいつも35度台という人はいませんか。

食事制限しているとエネルギーを生み出す力が低下してしまいます。エネルギー不足で筋肉のポンプの働きが悪くなるとリンパの流れも悪くなります。すると体の新陳代謝が悪く、体温が下がり、特に手足が冷えてしまいます。

東洋医学では、「冷えは万病のもと」といわれます。江戸時代の人の平均体温は36度9分だったといいますが、現代人がさまざまな不調に悩まされるのは、冷え、ひいては新陳代謝の低下といえるでしょう。

そんな体の不調が出るようなダイエットとは、もうさよならしましょう。

目指すのはやせの大食い

ダイエットのために食事制限をすると、体の不調をまねくことをお話ししましたが、リバウンドするのも食事制限後に見られる傾向です。食事制限をして摂取カロリーの少ない状態に慣れてしまうと、その少ないカロリーで体がやりくりしようと省エネ体質になってしまいます。いわば、燃費のよいハイブリッド車のようなものです。だから、食事制限をやめてしまうと今度は、栄養をためこもうとするために、リバウンドしてしまいます。

ですから、目指すのはアメ車のように燃費の悪い車。ちょっと動くのにもたくさんのエネルギーが必要です。それこそ、やせの大食い。食べても、食べても太らない体です。その体を目指すための効率のよいメソッドが、リンパストレッチなのです。

体と心の不調にも効果がある リンパストレッチ

Check!

心の不調チェック

□朝なかなか起きられない
□いつもイライラしてしまう
□よく眠れない
□食欲がない
□気力がわかない
□ストレスを感じやすい
□顔がほてる
□息切れ、動悸がする
□手足が冷える
□怒りっぽい
□くよくよしたり、気持ちが落ち込む

▼体の不調は心の不調につながる

心が不調なのに、体は元気ということはありません。それは、心と体はつながっているからです。

心の病気にかかわる脳内ホルモンに「セロトニン」という物質があります。うつなどの心の病気はセロトニンの欠乏が一因といわれますが、このセロトニンは背中の筋肉を刺激することで分泌されることがわかってきました。

背中をすっと伸ばすと心も引き締まる気がしますよね。日本古来からの柔道、剣道、弓道など道のつくスポーツは、姿勢を正し、精神を鍛えるという側面があります。「姿勢と心」はつながっている。とても理にかなっています。

心が病気になるとだんだん背中が丸まってきます。心を元気に保つために、リンパストレッチで背中の筋肉を刺激するのは、とてもよいことなのです。

▼リンパが流れると体の不調にも効く

生理痛や生理不順、便秘、冷え症など、女性特有の不調に悩んでいる人も多いでしょう。また病気とはいえないけれど、体がだるい、重い、ぐっすり眠れない……そんなちょっとした不調を抱えている人もたくさんいるのでは。

それは体があなたに出している「不調のサイン」です。見逃さないようにしてください。

体に不調が出るのは、リンパの流れが悪くなって、上手に老廃物をデトックスできていないから。不調のサインを見逃し続けていくと、それが重篤な病気につながる可能性があります。

自分の体に耳を傾け、リンパストレッチでたまった老廃物をデトックスしていきましょう。そして、良質なインナーマッスルを育てていきましょう。体にとってよい循環が生まれていきます。

▼体の自然治癒力を高めていこう

生理痛や頭痛がつらいから鎮痛剤、便秘になったら便秘薬……、つらいときは薬に頼ってしまう気持ちはわかります。でも薬はあくまでも症状を抑えているだけであって、根本的な解決にはなっていないのです。

薬に頼らず病気に強い体をつくること。それが私たちの目指すところです。リンパストレッチのよさは新陳代謝を高めて、やせやすい体をつくるだけではありません。

本来人間がもっている体の自然治癒力を高めることで、あなたの体を元気で若々しく保つのです。

リンパメトリックでさらにダイエット効果がアップ

破壊と構築でやせ体質に

リンパストレッチと組み合わせて一緒にやってほしいのが、リンパメトリックです。これは、私が考案した新しいトレーニング方法です。

トレーニングといっても、今までの筋トレのように無理な負荷をかけたり、長時間行う必要はありません。

リンパメトリックのすぐれたところは、インナーマッスルを刺激するのと同時に筋トレ効果があることです。

たった7秒という短時間でもインナーマッスルに力を入れて刺激するだけで、それだけ大きな負荷が筋肉にかかるのです。

こわれた筋繊維はすぐに修復されます。でもただ修復されるわけではありません。こわれる前よりもっと強く、脂肪燃焼のしやすい筋肉にリノベーションされるのです。

力強い筋肉のポンプがあれば、それだけリンパの流れもよくなり、あなたの体はやせ体質に変わっていきます。

ピンポイントダイエットに効果的

リンパメトリックは、同じ姿勢を保って引き締めたいところの筋肉に力を入れて7秒間キープします。やせたい部分の筋肉をピンポイントで刺激することができるので、今まで無理とされてきた部分

リンパメトリックをすると……

筋肉の収縮を解放したあと、リンパがドバッと流れ出す！

リンパメトリックで筋肉を意図的に収縮させると、リンパがいったんせき止められた状態に。収縮を解放すれば、せき止められていたリンパがドバッと流れ出して、リンパ機能がさらに活性化します。

やせにも効果があります。

　これにリンパストレッチを組み合わせると筋肉の修復が加速するうえに、リンパの流れじたいもよくなります。

　7秒間、筋肉に力を入れてリンパを圧迫するとリンパはせき止められていた状態。ストレッチで筋肉を解放したときには、リンパが勢いよく流れ出すので、新陳代謝がより活発になります。

　リンパメトリックで刺激を受けたインナーマッスルは、脂肪燃焼スイッチが入った状態。この状態は48時間続きます。

　これを継続していくことで、しだいに体はやせ体質に生まれ変わることができるのです。

Column ②

痛みは体からのメッセージ

痛いときは体を休める

いつも体を動かしていないと、リンパストレッチ&リンパメトリックを始めてすぐは、筋肉痛になるかもしれませんね。

そんなときは、ちょっと休憩です。痛みは「筋肉の修復中」という体からのサイン。

痛みのあるうちに体を動かすのは、まだかたまっていないコンクリートの上にビルを建てるようなもの。筋肉を一度しっかりつくってから、さらに強い筋肉にリノベーションしていきましょう。

どこかに痛みを抱えているときには、けっして無理はしないでください。

薬に頼りすぎない体に

痛みは体からのメッセージです。「普段使っていないから痛くなるんだな」「いつもと違う痛みだな」「どんどん痛みが増している」など、痛みのボリュームに敏感になってください。

もちろん、薬で痛みをとることも大切。でも、すぐに薬を飲んでしまうと、せっかくの体からのメッセージを消すことに。もしかしたら、とても重要なメッセージが隠されていたかもしれません。薬に頼りすぎるのではなく、痛みから、自分の体の状態を把握できるようになりましょう。そのうえで、薬が必要なのか、病院へ行ったほうがいいのかを判断できるようになれるといいですね。

リンパストレッチを通して、体としっかり向き合い、体からのメッセージを上手にキャッチできるようになってください。

3

これだけやればもう太らない！

厳選 リンパストレッチ・ポーズ

普段動かしていないインナーマッスルに刺激を与える
リンパストレッチ。筋肉を刺激することで
体全体のリンパの流れがよくなり、体内の余分な水分や老廃物を
デトックスしてくれます。新陳代謝もアップし、
脂肪の燃焼しやすいやせ体質に！
リバウンド知らずの健康美を手に入れましょう。

まずは
これだけでもOK!
やせ体質に!

裏《うら》表《おもて》のポーズで体のすみずみまで脂肪燃焼スイッチオンに!

2つのポーズで全身の筋肉を刺激して、脂肪燃焼スイッチをオンにします。活動代謝がアップした状態が48時間持続します。

10秒キープ　表裏3セット

1 裏

うつぶせになって両手両脚をあげて伸ばす

床にうつぶせになる。両手両脚を伸ばして、床から20cmほどあげて、そのまま10秒キープする。

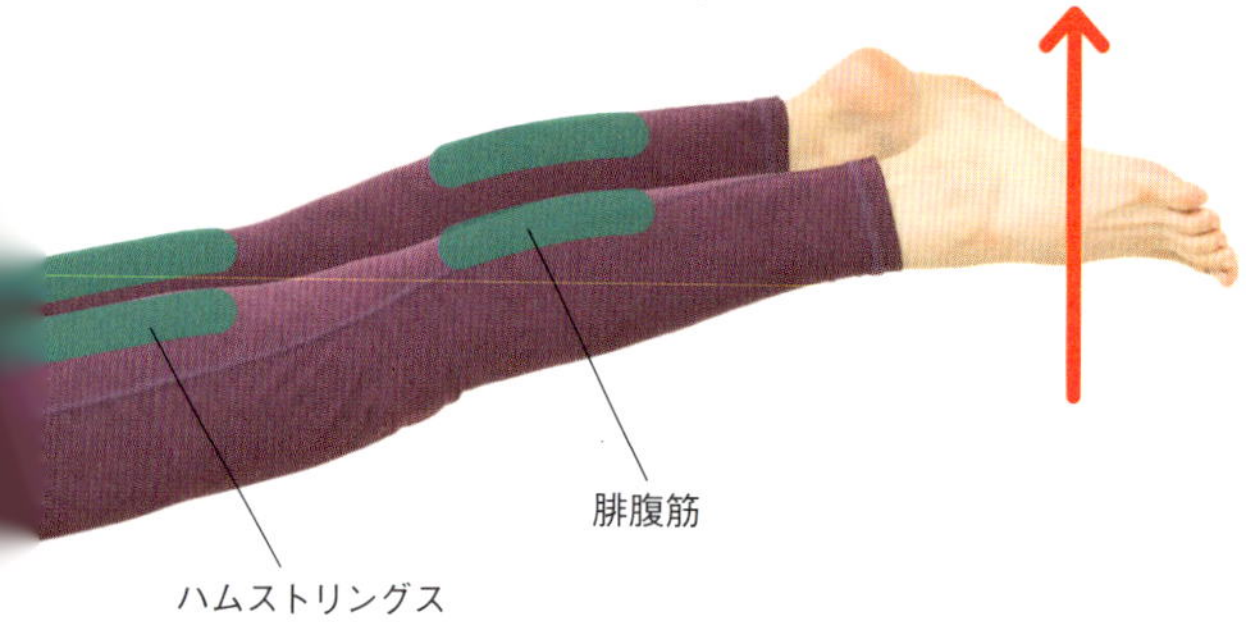

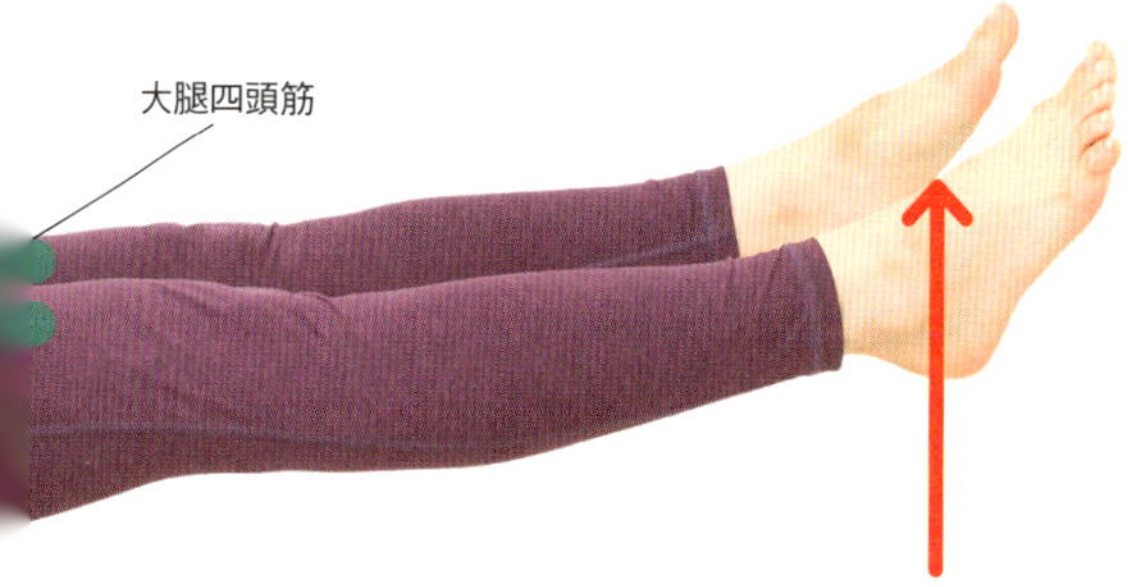

2 表

あおむけになって両手両脚、頭を床から20cmあげる

床にあおむけになり、手を軽くにぎる。両手両脚、頭を床から20cmほどあげて、そのまま10秒キープする。

KEEP! 10秒

NG!

手脚をあげすぎるのはNG。
20cmくらいを目安に。

KEEP! 10秒

▶POINT
肩と頭もしっかりあげる。

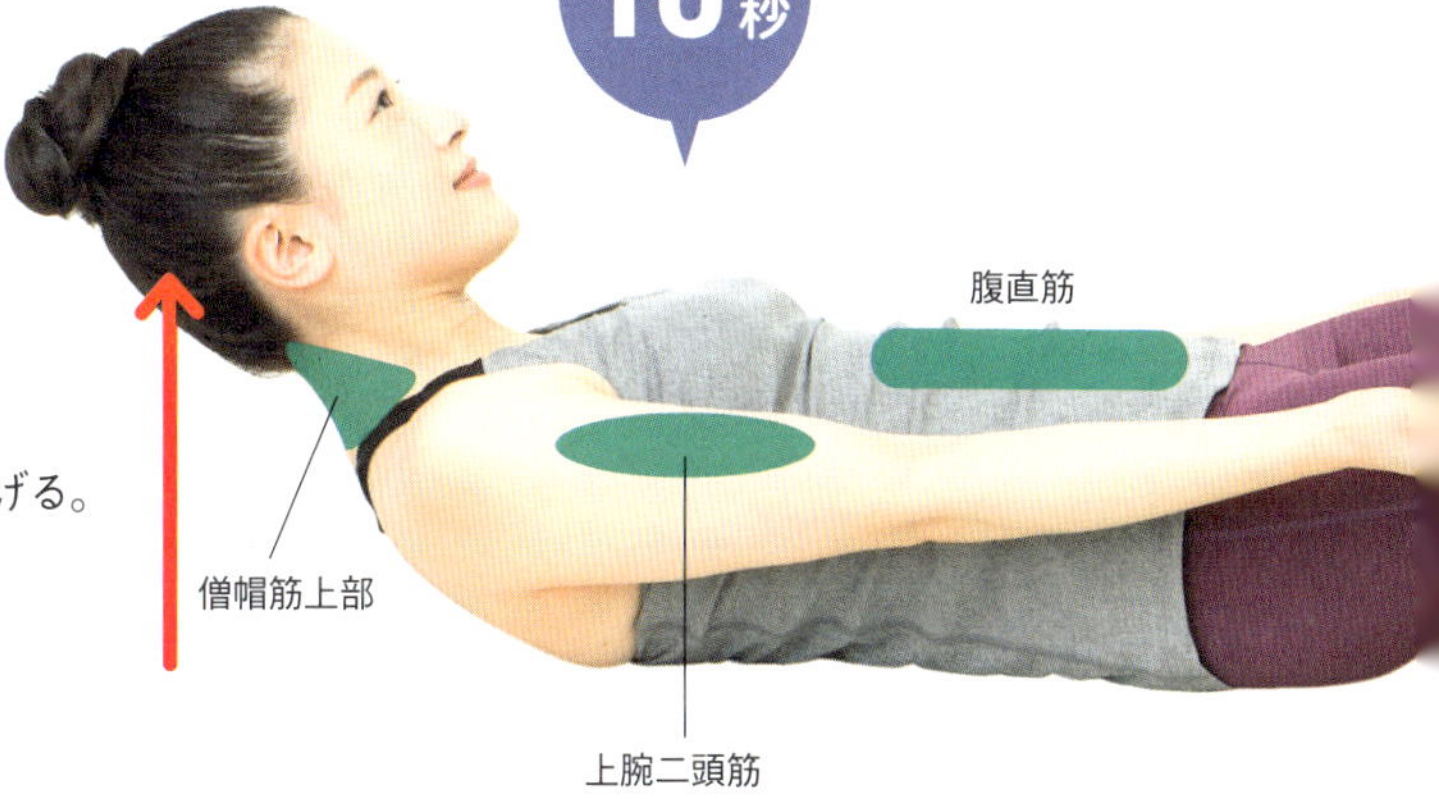

ここに効く！

リンパ　全身のリンパ

筋　肉　裏／上腕三頭筋・三角筋・僧帽筋・脊柱起立筋・大臀筋・ハムストリングス・腓腹筋
表／僧帽筋上部・上腕二頭筋・腹直筋・大腿四頭筋

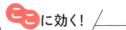

代謝アップ①

おなかの筋肉とリンパを刺激して体を活性化！

1 あおむけになり上下に体を伸ばす

あおむけになって、手脚をグッと伸ばす。頭と脚が思いきり引っ張られているイメージで。

2 体をくの字にしならせる

体の中心からくの字に曲げる。キツいと感じたところで、そのまま10秒キープする。反対側も同様に行う。

▶POINT

手脚をなるべく遠くまで伸ばす。

ここに効く！

リンパ	おなか、わきのリンパ
筋　肉	外腹斜筋・内腹斜筋・広背筋・大円筋・小円筋

10秒キープ　左右3セット

代謝アップ②

全身の筋肉とリンパを刺激して代謝をアップ！

10秒キープ　左右3セット

1 脚を大きく開いて立つ

背筋を伸ばして、脚を大きく開いて立つ。

KEEP! 10秒

2 両腕を肩の高さにあげてひざを曲げる

両腕を肩の高さにあげる。上半身は固定したまま、片脚のひざを深く曲げる。キツいと感じたところで、そのまま10秒キープする。反対側も同様に行う。

ここに効く！

リンパ	全身のリンパ
筋　肉	三角筋・上腕三頭筋・僧帽筋裏側・脊柱起立筋裏側・腹直筋・腸腰筋・大腿四頭筋・大臀筋裏側・腓腹筋・ヒラメ筋

内臓機能アップ

おなか・胸・わきをいっきに刺激して内臓機能アップ!

1 正座をして手をつく

正座をして手のひらを床にしっかりつける。足をつま先立ちにする。

2 腕を床につけて前に伸ばす

息を吐きながら、腕を前にゆっくり伸ばす。

3 お尻を高くあげる

お尻をできるだけ高く上げ、肩を押しつけるように腕を前にゆっくり伸ばす。

KEEP! 10秒

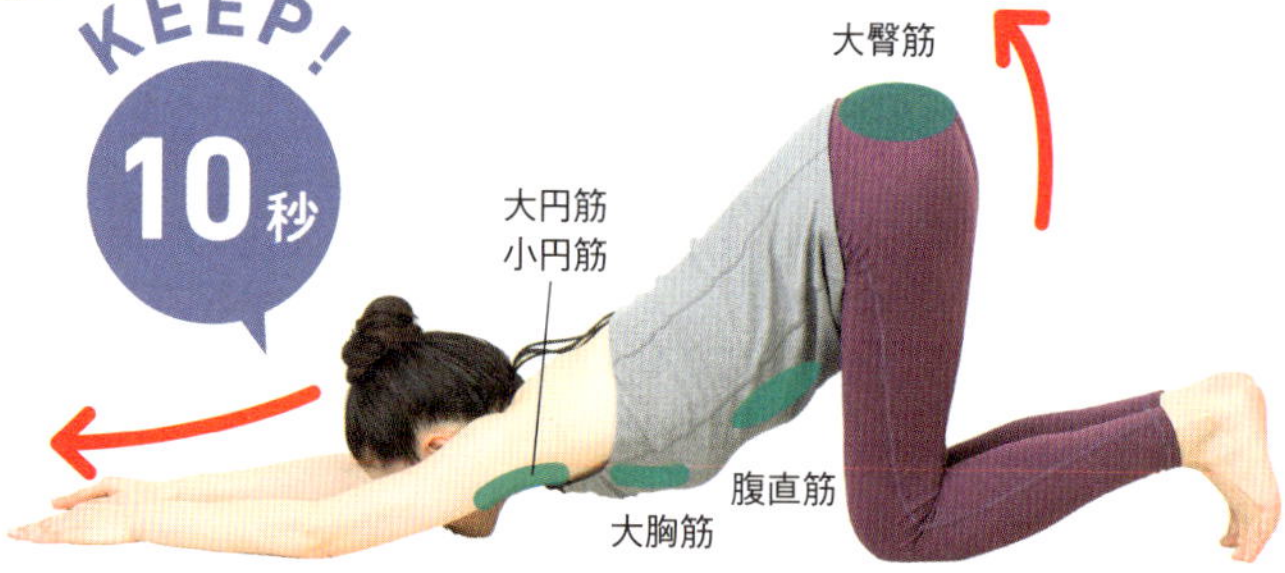

▶POINT
胸とわきができるだけ床につくように。

ここに効く!

リンパ　おなか、胸、わきのリンパ

筋肉　大胸筋・腹直筋・大臀筋・大円筋・小円筋

10秒キープ　3セット

ホルモンバランスを整える

おなかのリンパを流して女性特有のトラブルを改善

1 ひざを床について胸をはる

ひざを床について、肩幅に開き、胸をはる。

KEEP! 10秒

2 両手でかかとを持つ

両手でかかとを持って、体を反らせる。

▶POINT

胸を上に引き上げるイメージで。

ここに効く！

リンパ	わき、胸、おなか、そけい部のリンパ
筋　肉	大胸筋・腹直筋・大腿四頭筋

10秒キープ　3セット

自律神経を整える

自律神経のバランスを整えるには背中を刺激！

1 四つんばいになる

四つんばいになり、顔は下に向ける。背中は真っ直ぐに伸ばす。

KEEP! 10秒

2 顔をあげて背中をそらす

顔をあげて、背中をそらす。キツいと感じたところで、そのまま10秒キープする。

KEEP! 10秒

3 背中を丸める

おなかをのぞき込むように頭を下げ、背中を丸める。キツいと感じたところで、そのまま10秒キープする。

▶POINT

両手を床に押しつけるようにして、背中を高く上げる。

ここに効く！

リンパ	胸、おなか、背中のリンパ
筋　肉	大胸筋・腹直筋・僧帽筋・脊柱起立筋

10秒キープ　3セット

食欲を抑える

高速パンチとエアなわとびで脳をだます！

1 こぶしをつくって構える

ボクシングのように、顔の前にこぶしをつくる。軽くひざを曲げて、脚は前後に開く。

高速パンチ 10秒

▶POINT

パンチはできるだけ素早く。

2 高速でパンチを繰り返す

素早く交互に、こぶしを突き出す。

3 エアなわとびでできるだけ速く飛ぶ

エアなわとび 10秒

ここに効く！

素早い動きで筋肉のブドウ糖が消耗。血糖値を正常にするために、肝臓からブドウ糖を血液中に放出し、血糖値が上昇。脳が満足だと判断し、空腹感がなくなる。

ストレス
緩和

こわばった背中をほぐして ストレスを緩和

1 ひざで立ち 片脚を前に出して 背筋を伸ばす

ひざ立ちから、片脚を前に出す。
もう一方の脚は後ろに伸ばす。

2 両手を上に伸ばす

手のひらを合わせて、頭の上で
伸ばす。

3 手をさらに 後方へ

胸を張り、頭上に上げた手をさらに後方に伸ばして、そのまま10秒キープする。

KEEP! 10秒

▶POINT

体重を前方にかけ、そけい部を伸ばすように意識する。

ここに効く！

リンパ	わき、胸管、おなか、そけい部のリンパ
筋　肉	上腕三頭筋・大胸筋・腹直筋・脊柱起立筋・大臀筋・大腿四頭筋・腓腹筋

10秒キープ　左右3セット

快眠

緊張をほぐして ぐっすり眠れる体に

1 両手をついて背中をそらす

正座から両手をついて、息を吸いながら背中をそらす。

▶POINT

背中をしっかりそらす。

2 両手を伸ばし体の力を抜く

KEEP! 10秒

息を吐きながら、力を抜いて両手を前へ。腕と額を床につけて、そのまま10秒キープする。

ここに効く！

リンパ おなか・背中・腰のリンパ

筋　肉 脊柱起立筋・僧帽筋・広背筋

10秒キープ　3セット

Column ③

ダイエット中の食生活は

体の欲求にしたがって食べてみる

味覚や習慣は、年齢によってさまざまなので、どんな食べ物が体によいかは一概にはいえません。でも結局は、自分の体の欲求にしたがうのが一番理にかなっている気がしてなりません。

たとえば、あんまり食欲がないときは、内臓が弱っているサイン。そんなときはあっさりした物が食べたくなるものです。また、お肉料理が続くと、むしょうに野菜を食べたくなるように、人間は体調と相談して栄養のバランスをとっているのではないでしょうか。

ダイエット中でもお肉を食べて

サプリンメントで栄養素を補給する方も多いと思いますが、実は、栄養というのは単品では体に吸収されにくいのです。やはり、さまざまな栄養が含まれる食べ物からバランスよくとるほうが逆に効率がよいのです。

ダイエット中に気をつけてほしいのは、栄養のかたよりです。ダイエットをしている人はお肉を敬遠することが多いので、たんぱく質が不足しがちです。大豆にもたんぱく質が含まれますが、人間の体に必要なアミノ酸の量が足りませんので、動物性たんぱく質が大切です。肉のなかでは豚肉が、糖質をエネルギーにかえるビタミンB_1や、女性ホルモンや精神を安定させるホルモンに必要なビタミンB_6も含んでいて優秀です。

カロリーを気にして野菜だけを食べるのではなく、野菜もお肉もバランスよく食べてください。

4

リンパストレッチ＆リンパメトリックで気になる部分を引き締める

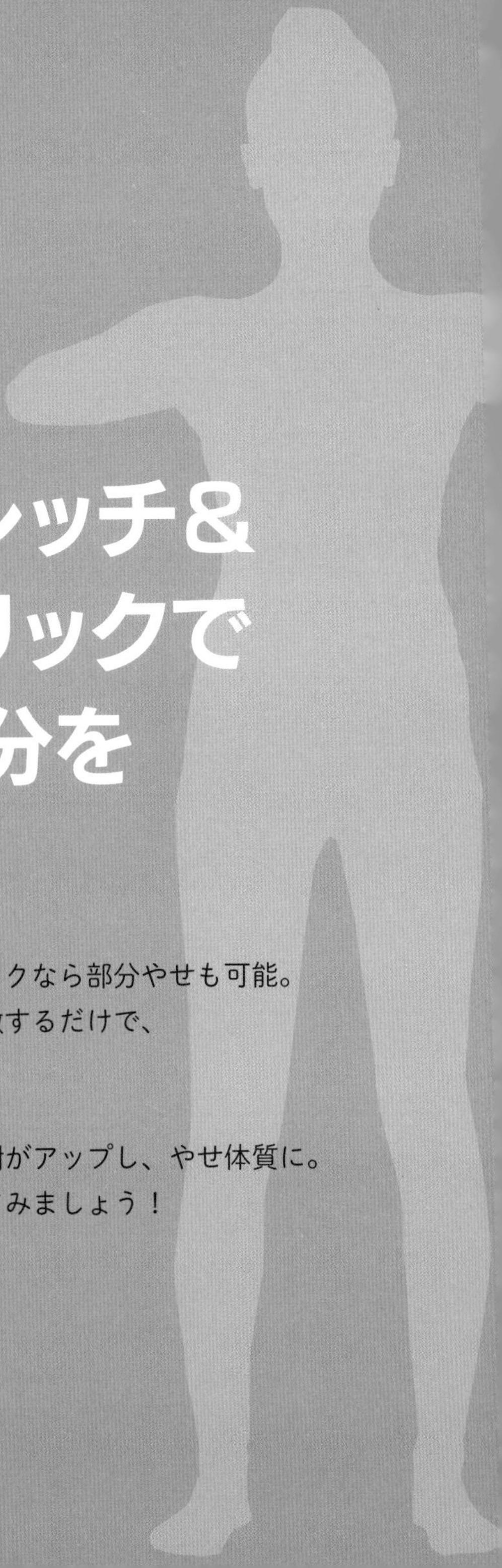

リンパストレッチ＆リンパメトリックなら部分やせも可能。
引き締めたい部分の筋肉を数秒刺激するだけで、
効率的に脂肪が燃焼します。
その効果は 48 時間続きます。
リンパの流れもよくなるので、代謝がアップし、やせ体質に。
気になる部分から、さっそく始めてみましょう！

下腹

おなかのぽっこりは リンパの流れをよくして改善

1 体育座りをする

床に体育座りをする。手はひざの上に。

▶POINT
ひざを約90度に曲げる。

2 上体を後ろに倒す

背中を丸めて上体をゆっくりと後ろに倒していく。キツいと感じたところで、そのまま10秒キープする。

▶POINT
ゆっくり息を吐きながら
背中を丸めておへそを見る。

ここに効く!

リンパ	おなかのリンパ
筋　肉	脊柱起立筋・広背筋・腹直筋

10秒キープ　3セット

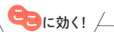

ウエスト

ひねりのポーズでウエストをシェイプ！

1 あおむけになって腕を横に広げる

あおむけに寝る。手の甲を上に向けて、両腕を左右に開く。

2 脚を倒した反対側へ腰をひねる

顔は左を向く。左ひざを曲げて右側へ倒し、腰を大きくひねる。キツいと感じたところで、そのまま10秒キープする。反対側も同様に行う。

KEEP! 10秒

NG! 肩が床から浮くのはNG。しっかりつける。

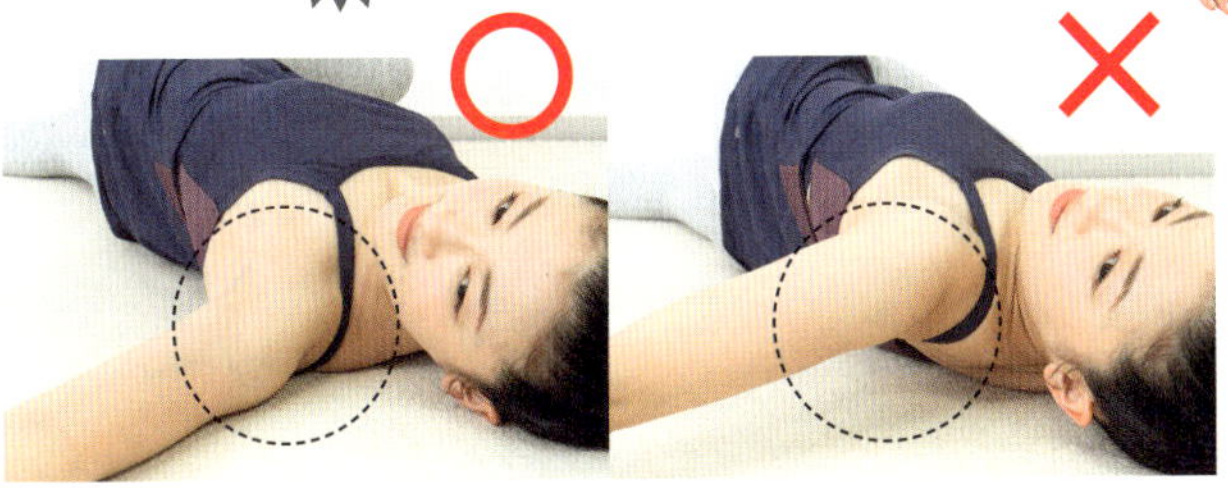

ここに効く！

リンパ わき腹、腰、おなかのリンパ

筋肉 外腹斜筋・内腹斜筋・大臀筋

10秒キープ 左右3セット

ヒップ

一直線のポーズでヒップラインが美しくなる

1 四つんばいになる

床に手とひざをついて、四つんばいになる。

KEEP! 10秒

2 右手と左脚を同時にあげる

同じくらいの高さにあげて、そのまま10秒キープする。反対側も同様に行う。

▶POINT

手脚が一直線になるように意識する。

▶POINT

足首が立たないように。床にしっかりつける。

ここに効く！

リンパ	背中〜腰、わき、そけい部のリンパ
筋　肉	脊柱起立筋・大臀筋・ハムストリングス

10秒キープ　3セット

太もも

太もも全体を引き締めて美脚に！

1 イスに座り両手は座面に

イスに浅く座り、手は座面をしっかりにぎる。

2 交差させた脚をあげる

脚を交差し、あげる。上の足は下方向に、下の足は上方向に思いっきり力を入れて、そのまま7秒キープする。

KEEP! 7秒

▶POINT

ひざを軽く曲げる。

NG!

脚が伸びてしまうと力が入らない。ひざは軽く曲げる。

ここに効く！

リンパ 太もも、そけい部のリンパ

筋　肉 大腿四頭筋

7秒キープ　左右3セット

足首

つま先立ちで足首がキュッと締まる

1

片手を壁について立つ

片手を壁につけて、足を肩幅に広げて立つ。

2

背筋を伸ばしかかとをあげる

背筋を伸ばし、かかとを思いきりあげて、そのまま7秒キープする。

KEEP!
7秒

▶POINT
かかとを高くキープ。

ここに効く!

リンパ	下半身のリンパ
筋　肉	腓腹筋・ヒラメ筋

7秒キープ　3セット

二の腕

小指の全力合わせで二の腕のたるみを解消

1

背筋を伸ばして立つ

背筋を伸ばしリラックスして立つ。目線は前方へ。

KEEP! 7秒

2

両手の小指を合わせて全力で押し合う

胸より少し上で小指を思いきり押し合って、そのまま7秒キープする。

ここに効く!

リンパ	腕、わきのリンパ
筋　肉	上腕三頭筋

7秒キープ　3セット

腕

腕全体を引き締めるには ひじで体を支える

初級

1

四つんばいになる

床に手とひざをついて、四つんばいになる。

2

上体を下げ ひじで支える

ひじを曲げ、頭の下で上下に重ねる。体重を腕にかける。

KEEP! 10秒

3

上体を前へ

ひじで体を支えながら、ゆっくり上体を前へ倒していく。キツいと感じたところで、そのまま10秒キープする。

10秒 キープ | 3 セット

上級

初級ポーズに慣れたらトライ！

10秒キープ　3セット

1

ひじとひざの距離を
さらに縮める

2

▶POINT
上体をできるだけ
前に押し出す。

ここに効く！

リンパ	腕のリンパ
筋　肉	上腕三頭筋・三角筋

肩まわり

伸びのポーズで肩まわりをスッキリさせる

1 両手を組んで伸びをする

脚は肩幅に開く。手を軽く組み、伸びをするように両手をあげる。

▶POINT
手のひらを上向きにする。

KEEP! 10秒

▶POINT
さらに両手を伸ばすと効果大。

2 上体を横にしならせる

上体を横に倒しながら、わきを伸ばすことを意識する。キツいと感じたところで、そのまま 10 秒キープする。反対側も同様に行う。

ここに効く!

リンパ	鎖骨、胸、わきのリンパ
筋　肉	上腕三頭筋・大円筋・小円筋・広背筋

10秒キープ　左右3セット

わき～背中

両手を引っぱり合って背中美人に！

1

背筋を伸ばして立つ

肩幅に足を開いて、背筋を伸ばす。肩の力はぬく。

KEEP!
7秒

2

左右の手を引っ張り合う

鎖骨のやや下、胸筋の前で左右の手を組み、思いきり引っ張りあって、7秒キープする。

▶POINT

背中の筋肉を使うことを意識する。

ここに効く！

リンパ	背中のリンパ
筋　肉	広背筋

7秒 キープ　3 セット

首の後ろ

首の筋肉を刺激して バレリーナのような首に

1 後頭部に手を置く

肩幅に足を開いて、背筋を伸ばして立つ。両手は後頭部におく。

2 首と手を押し合う

首は後ろへ、組んだ手は前へお互い押し返すように力を入れる。思いきり力を入れて7秒キープする。

KEEP! 7秒

▶POINT

全力で力を入れる。

ここに効く！

リンパ	首のリンパ
筋　肉	僧帽筋上部

7秒キープ　3セット

背中全体

背中の筋肉を満遍なく刺激して分厚い脂肪を燃焼

1 しゃがんで床にひざをつく

つま先を立ててかかとを上げる。

2 上体を前に伸ばし腕を床につける

ゆっくりと上体を前に伸ばし、ひじが直角になるようにして腕を床につけ、体を支える。

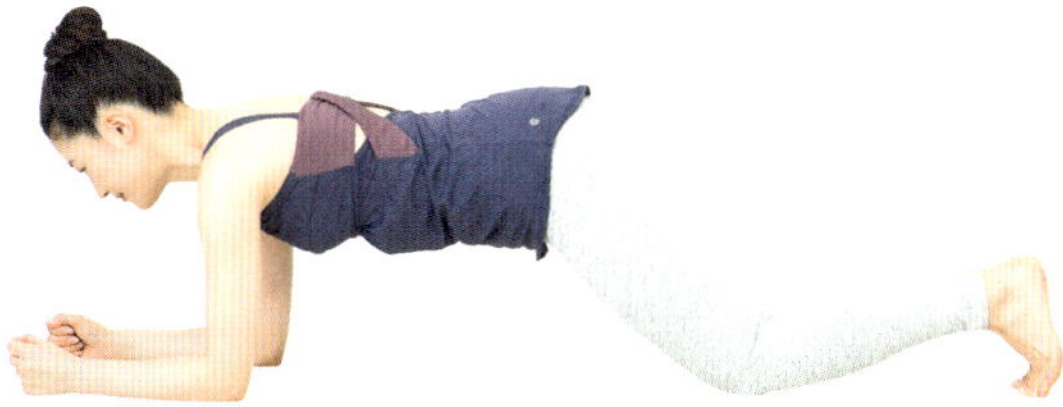

KEEP! 10秒

3 脚を後ろに伸ばして体を一直線にキープ

腕とつま先で体を支え、全身が一直線になるように。10秒キープ。

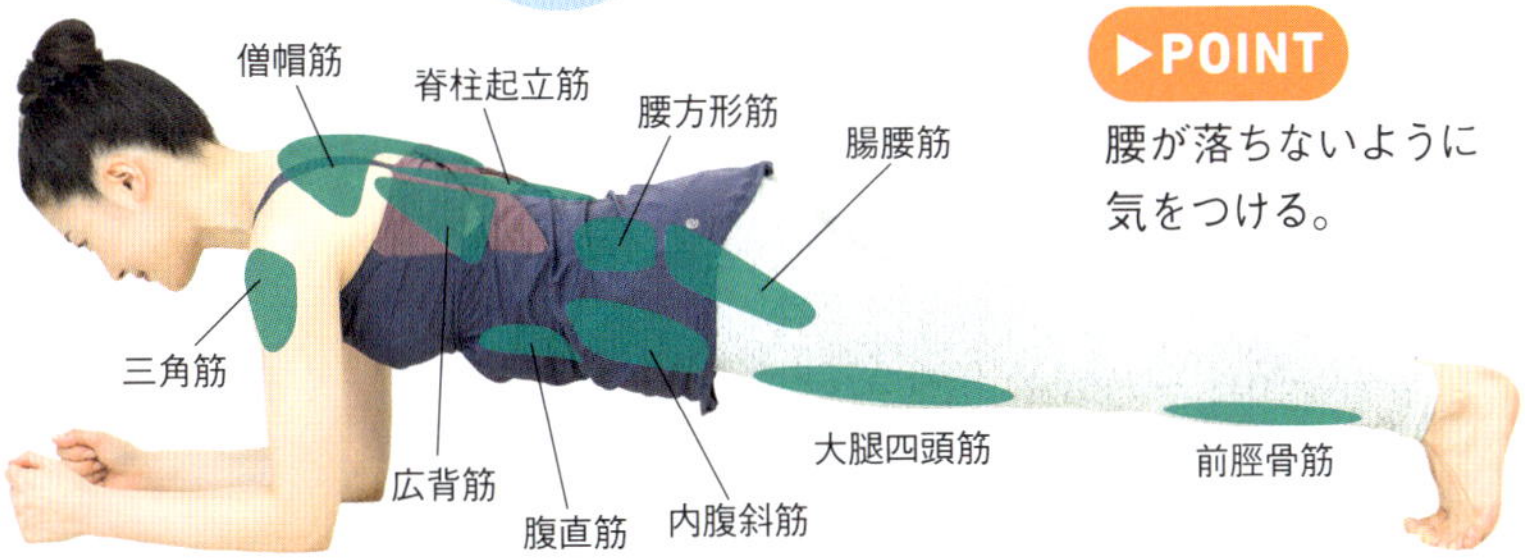

▶POINT

腰が落ちないように気をつける。

ここに効く!

リンパ 全身のリンパ

筋　肉 大胸筋前側・僧帽筋・脊柱起立筋・三角筋・広背筋・腰方形筋・腸腰筋・腹直筋・内腹斜筋・大腿四頭筋・前脛骨筋

10秒キープ　3セット

顔のむくみ

リンパマッサージでむくみをとって顔をスッキリ

各10回

1 手であごを包むようにマッサージ

手のひらであごを包むようにして、耳の下からあごのにそって優しくリンパを流すようにマッサージする。

▶POINT

手のひらを肌に密着させるように、優しく刺激する。

ここに効く！

リンパ 顔、首のリンパ

▶POINT

両手で首を包むように密着させながら、やさしく円を描くようにマッサージする。

2

首の後ろから前に向かってリンパを流す

首の後ろを両手で包み、後ろから前へリンパを流すようにマッサージする。

美容にきく浅いリンパはやさしくマッサージを

リンパには浅いリンパと深いリンパがあります。浅いリンパは皮ふの２～３ミリ下、静脈のそばを流れているリンパ。深いリンパとは骨に近い深部で、インナーマッスルの周辺を流れているリンパです。

浅いリンパへの刺激は美容に効果があります。肌の新陳代謝を活発にし、シミやくすみ、たるみなどの肌トラブルを改善します。

浅いところを流れているので、やさしくマッサージするだけで十分。痛みを感じるくらい強く押さないように気をつけましょう。

顔のシワ

顔のリンパの流れをよくしてシワとくすみを解消

各10回

1 フェイスラインを引き上げるようにマッサージ

あごからこめかみまでをクルクルとマッサージして、リンパを流す。

2 目元のたるみに

目頭から目尻に向かって、眉の下の骨のきわを優しく刺激していく。目の下も同様に行う。

▶POINT

中指を目頭にあてて、眉の下と目の下の骨に沿ってやさしくマッサージ。

▶POINT

4本の指の腹で密着させてさする。

3 おでこのハリを取り戻す

おでこのシワをのばすように、眉から髪の生え際までを優しくマッサージ。

ここに効く!

リンパ 顔のリンパ

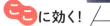

顔のたるみ

顔全体の筋肉を刺激して たるんだお肉を引き締める！

5
セット

1 顔を思いきりすぼめる

顔を思いきり中心に向かってすぼめる。酸っぱいものを食べたときをイメージして。

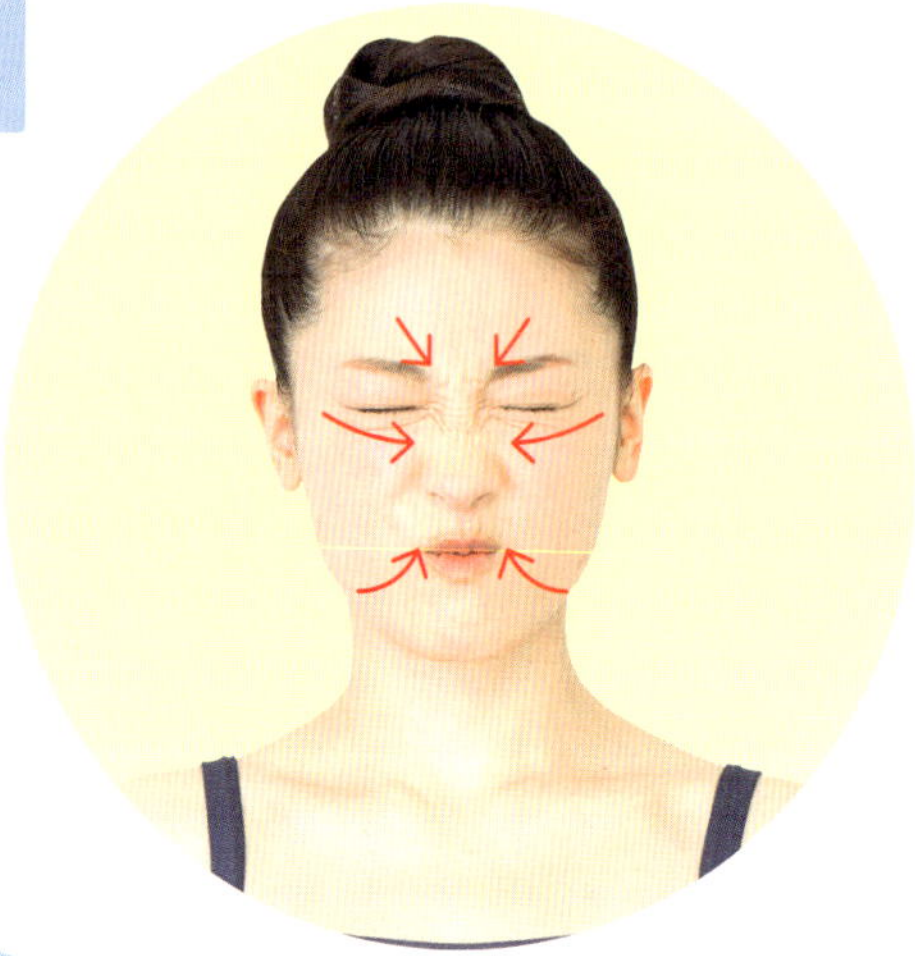

2 顔を思いきり開放する

目、口を思いきり開く。

ここに効く！

リンパ	顔のリンパ
筋　肉	表情筋・目輪筋・口輪筋

二重あご

下あごと首のW《ダブル》ストレッチが二重あごに効く

1 口を「イーッ」の形にして思いきり横に開く

KEEP! 10秒

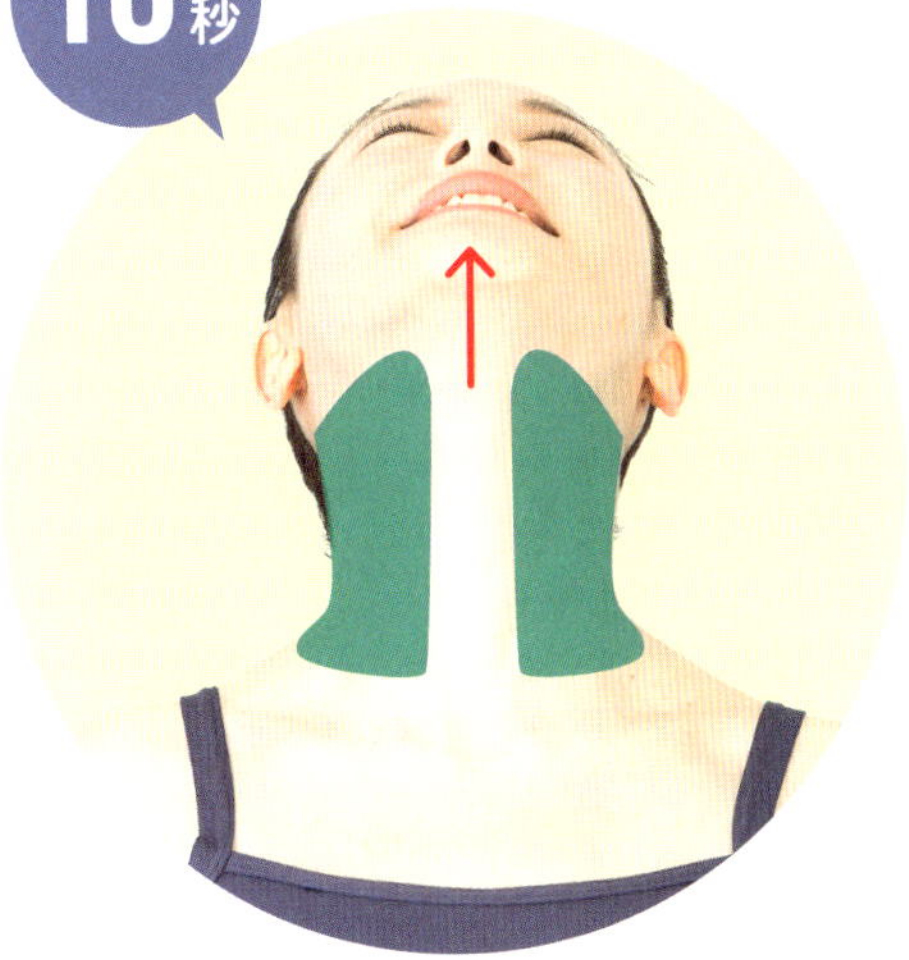

2 あごを突き出してあげる

「イーッ」の状態で口を横に開いたまま、あごを突き出すようにあげる。キツいと思うところで 10 秒キープ。

ここに効く!

リンパ	首のリンパ
筋肉	広頸筋

10秒キープ　3セット

バストアップ

大胸筋を刺激して バストのはりを復活！

初級

1 背筋を伸ばして立つ

脚は肩幅に開いて、背筋は伸ばす。肩の力は抜く。

2 顔の前で手のひらを押し合う

KEEP! 7秒

胸の前で両手首がまっすぐになるように手を合わせ、思いきり押し合い７秒キープ。

上級

初級ポーズに慣れたらトライ！

体から少し離して手を押し合う。

顔面から約 30cm 離して、手のひらを思いきり押し合う。そのまま７秒キープする。

▶POINT

腕を体から離すほどキツくなる。

ここに効く！

リンパ	胸のリンパ
筋　肉	大胸筋

7秒 キープ　3 セット

5

不調解消にもリンパストレッチ

リンパの流れが滞ると、体の代謝が悪くなり、
さまざまな不調の原因になります。
リンパストレッチで、体の深いリンパを刺激すれば、
リンパ管が広がり、リンパ液の流れがよくなります。
不調解消はもちろん、予防のために毎日 10 秒から始めてみましょう！

下半身の
むくみ

筋トレとストレッチのW《ダブル》効果で下半身のむくみをスッキリ

1 四つんばいになる

床に四つんばいになる。手は肩幅に開き、つま先を立てる。

KEEP!
10秒

初級

2 脚を伸ばし お尻をあげる

両脚をできるだけ伸ばしてお尻を引き上げ、そのまま10秒キープする。

▶POINT

無理しない。ひざは曲がっていてもOK！

10秒 キープ	2 セット

上級

初級ポーズに慣れたらトライ！

3 きれいな三角形をめざす

両脚を伸ばしてお尻を引き上げ、そのまま10秒キープする。

10秒 キープ　3 セット

KEEP! 10秒

▶POINT
頭と肩を体の内側に入れる。

▶POINT
かかとをつける。

ここに効く！

リンパ 腰、脚の裏側のリンパ

筋　肉 脊柱起立筋・大臀筋・ハムストリングス・腓腹筋・ヒラメ筋・大腿四頭筋

足の冷え

第二の心臓・ふくらはぎを刺激して冷えを解消

1

ふくらはぎを伸ばす

脚を前後に開く。前に出した脚のひざに両手を置き、後ろの脚のふくらはぎを伸ばす。

KEEP!

10秒

2

体重を前に移動しさらにふくらはぎを伸ばす

上体を前に移動する。体重を前の脚にかけて後ろ脚のふくらはぎをさらに伸ばす。そのまま10秒キープする。反対側の脚も同様に行う。

NG!

かかとが浮くのはNG。床にしっかりつける。

ここに効く!

リンパ	ふくらはぎのリンパ
筋　肉	腓腹筋

10秒キープ　3セット

手の冷え

手のストレッチで 芯からポカポカ！

1 腕を前に伸ばし反対の手で手首を曲げる

手のひらを上にして腕を伸ばし、親指以外の指を反対の手で引く。そのまま10秒キープする。反対側の手も同様に行う。

▶POINT

さらに肩を前に出すと効果大。

KEEP! 10秒

2 手のひらを返して手首を手のひら側に曲げる

ひじを伸ばしたまま手のひらを下に向ける。反対側の手で手の甲を持ち内側へ曲げる。そのまま10秒キープする。反対側の手も同様に行う。

▶POINT

さらに肩を前に出すと効果大。

ここに効く！

リンパ	腕のリンパ
筋　肉	前腕屈筋群・前腕伸筋群

10秒キープ　左右3セット

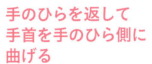

便秘

腸のリンパに働きかけ便秘を解消

1 片脚を曲げて伸ばした脚の外側へ置く

背筋をしっかり伸ばして座る。片脚を曲げて、交差させるように伸ばした脚の外側へ置く。右手で左足首を持つ。

2 ひじでひざを押さえながら上半身をひねる

左ひざを右ひじで押しつけるようにしながら、腰からひねる。そのまま10秒キープする。反対側も同様に行う。

NG!

顔だけ曲げるのはNG。
上半身をひねる。

ここに効く！

リンパ	腸のリンパ
筋　肉	腹直筋・外腹斜筋

10秒キープ　左右3セット

肩こり

慢性的な肩のこりは首から背中の筋肉をストレッチ

10秒キープ 左右3セット

1 あごを引き頭を倒す

イスに座り、イスの座面をつかむ。

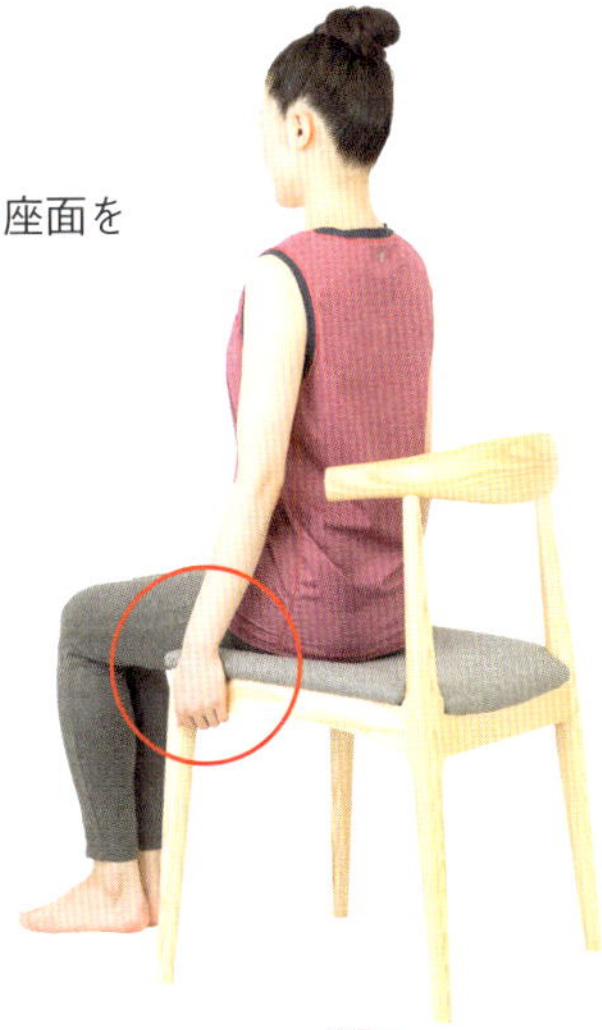

2 首筋をしっかり伸ばす

KEEP! 10秒

手で頭をななめ前に引っ張るようにして10秒キープする。反対側も同様に行う。

▶POINT

イスをつかみ手を固定することで、首筋がしっかり伸びる。

ここに効く！

リンパ	首から肩のリンパ
筋　肉	僧帽筋上部から中部

首のこり

首こり解消には もむよりストレッチが効く

1 両手で頭の後ろを抱える

イスに座り、頭頂部に近いところを抱えるように持つ。

KEEP! 10秒

2 頭をゆっくり前に倒す

両手で頭をゆっくり前に倒して、首の後ろの筋肉を伸ばす。そのまま10秒キープする。

▶POINT

背中を反るくらいに保つ。

NG! ×

背中を丸めるのはNG。背筋を伸ばす。

ここに効く！

リンパ	首から肩のリンパ
筋　肉	僧帽筋上部

10秒 キープ　3 セット

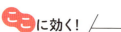

疲れ目

首の筋肉をほぐして疲れ目解消

1 首を横に倒す

姿勢を正して立ち、首を横に傾ける。

KEEP! 10秒

▶POINT
ひじを引っ張ることで、さらに効果大。

2 首を倒しながらひじを下に引く

首を倒しながら、腕を下にゆっくり引く。そのまま10秒キープする。反対側も同様に行う。

ここに効く!

リンパ	首のリンパ
筋　肉	胸鎖乳突筋

10秒キープ　左右3セット

頭痛

頭痛緩和には首と肩の筋肉をW《ダブル》でストレッチ

1 イスに浅く座って座面を持つ

股を開いてイスに浅く腰掛ける。手は交差させて、イスのふちをしっかり持つ。

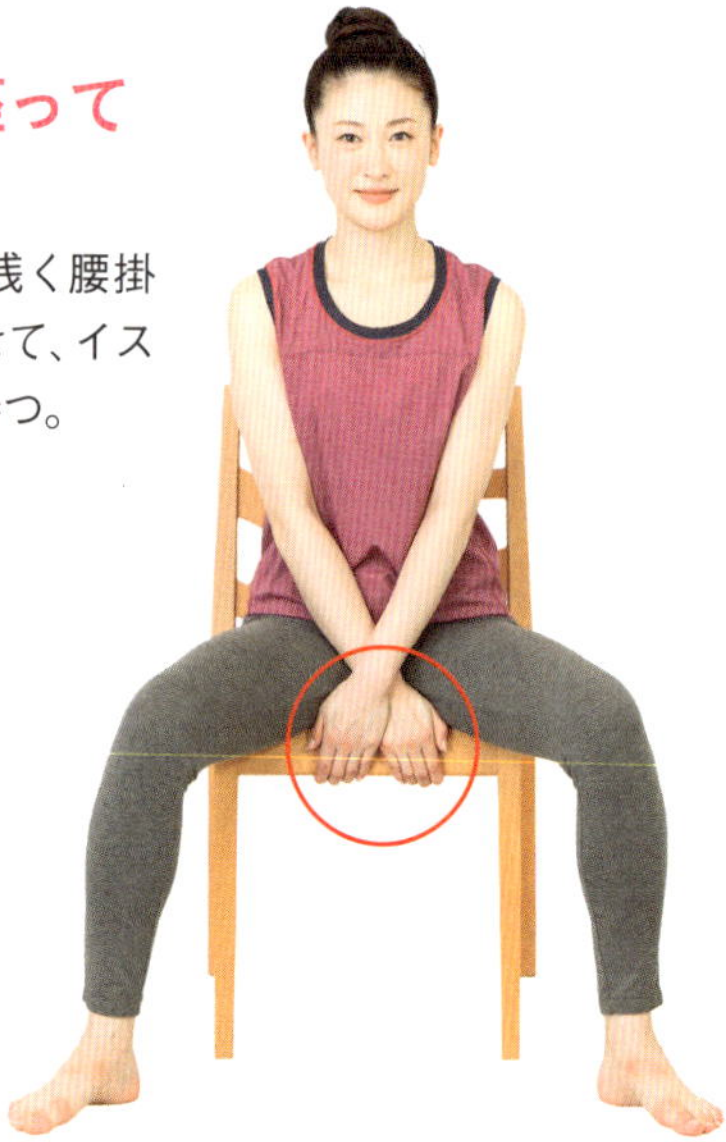

横から見ると

2 頭を下げながら上体を後ろに倒す

頭を下げたまま上体をじょじょに後ろに倒していく。そのまま10秒キープする。

KEEP! 10秒

▶POINT

背中が引っ張られているイメージで。

横から見ると

10秒キープ 左右3セット

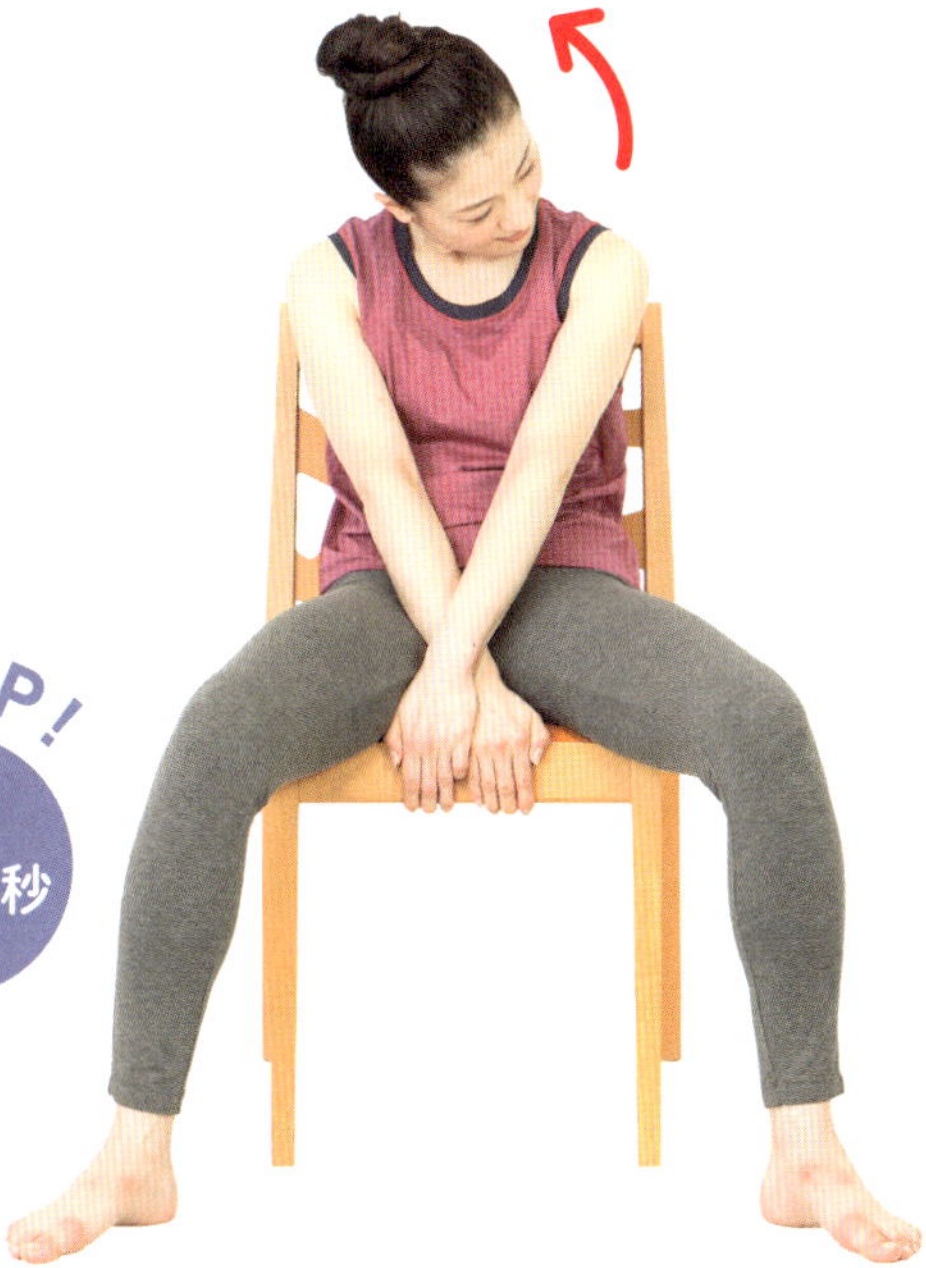

▶POINT

あごから頭をまわすように。

KEEP!

10秒

僧帽筋上部
胸鎖乳突筋

3 さらに頭を横に向ける

②の姿勢のまま、さらに頭を横に向け、キツいと感じたところで、そのまま10秒キープする。反対側も同様に行う。

ここに効く!

リンパ	鎖骨、首、肩のリンパ
筋　肉	広背筋・僧帽筋・僧帽筋上部・胸鎖乳突筋

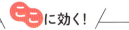

生理痛

生理トラブルには わき腹のストレッチが効果的

初級

1 片脚のひざを曲げ手を伸ばす

開脚して座る。片脚のひざを曲げ、かかとを股に近付ける。伸ばした脚の親指をつかむ。もう片方の手を伸ばし、キツいと感じるところまでわき腹を伸ばし10秒キープ。反対側も同様に行う。

KEEP! 10秒

上級

初級ポーズに慣れたらトライ！

2 さらに深く曲げ両手で親指をつかむ

さらに深く曲げて、両手で親指をつかむ。キツいと感じたところで、そのまま10秒キープする。反対側も同様に行う。

KEEP! 10秒

ここに効く！

リンパ　わき腹、おなか、そけい部のリンパ

筋　肉　外腹斜筋・内腹斜筋

10秒キープ　左右3セット

腰痛

腰痛予防には背中を丸めるポーズ

1 ひざを軽く曲げ両手はひざの上に

脚を肩幅に広げて立つ。ひざを軽く曲げ、両手はひざの上に。

▶POINT

おへそをのぞき込むようにする。

2 太ももの裏をつかんで背中を丸める

両手で太ももの裏をつかみ、腰が伸びるのを意識しながら背中を丸める。上からひっぱられているようなイメージで。そのまま10秒キープする。

ここに効く！

リンパ	腰のリンパ
筋　肉	脊柱起立筋

10秒キープ　3セット

ひざ痛

太ももの筋肉をしっかり伸ばしてひざ痛を改善

1 横になり曲げた足のつま先を持つ

横向きに寝て、片手を前に伸ばして体を支える。もう一方の手で足のつま先を持ち、ひざを曲げる。

2 つま先を引っ張りひざを引く

つま先を引っ張り、ひざを後ろに引いて太ももの筋肉を伸ばす。反対側も同様に行う。

KEEP! 10秒

▶POINT

そけい部を前に出すように意識する。

ここに効く!

リンパ	太ももからそけい部のリンパ
筋　肉	大腿四頭筋

10秒キープ　左右3セット

肩痛

上半身をひねることで肩痛を解消！

1

イスに手をかけて立つ

手をイスに添えて立つ。脚は肩幅に開く。

▶POINT

さらに腰をひねることでインナーマッスルと深いリンパに効く。

2

胸から腰の2段階でひねる

イスと反対側に胸からひねり、さらに腰をひねるイメージで。キツいと感じたところで、そのまま10秒キープする。反対側も同様に行う。

ここに効く！

リンパ	腕からわきの下、胸のリンパ
筋　肉	大胸筋上部・三角筋前部

10秒キープ　左右3セット

脚のつけ根を動かし股関節痛を改善

1 脚をつけ根から内側にふる

イスなどを支えにして、脚をつけ根から内転させ、キツいところで10秒キープする。反対の脚も同様に行う。

KEEP! 10秒

▶POINT
上半身を安定させる。

2 脚をつけ根から外側にふる

KEEP! 10秒

イスなどを支えにして、脚をつけ根から外転させ、キツいところで10秒キープする。反対の脚も同様に行う。

▶POINT
上半身が動かないように。

ここに効く！

リンパ そけい部のリンパ
筋　肉 内転筋・中臀筋

10秒キープ　左右3セット

更年期障害

おなかを大きくひねるポーズで女性のトラブルをスッキリ解消

1 脚を大きく前後に開き腕を広げる

脚を大きく前後に開く。
腕は肩の高さで左右に広げる。

KEEP! 10秒

NG!

腕だけでまわすのはNG。腰からしっかりひねる。

2 上半身をひねる

キツいと感じるところまで腰をひねって10秒キープ。反対側も同様に行う。

おなか周辺のリンパが流れることで、女性ホルモンや自律神経の乱れも改善され、症状も軽くなる。

ここに効く！

リンパ	おなかのリンパ
筋　肉	外腹斜筋・内腹斜筋

10秒キープ　左右3セット

のぼせ

全身のリンパを刺激して体を活性化！

1 イスに向かって立つ

イスに向かって立ち、片手を背におく。

2 右手と左脚をそらす

KEEP! 10秒

手と脚をキツいと感じるところまでそらす。そのまま10秒キープする。反対側も同様に行う。

▶POINT

体の前面が伸ばされ、背面の筋肉も刺激されて全身のリンパのめぐりがよくなる。

ここに効く！

リンパ	全身のリンパ
筋　肉	脊柱起立筋・大臀筋・ハムストリングス

10秒キープ　左右3セット

イライラ

イライラを鎮めるには背中と腸を同時に刺激

1 ひざを床につき上体をそらす

腰に手を当てて、ひざ立ちになる。ひざは肩幅に開く。顔をあげて胸をそらす。

▶POINT
ゆっくりそらす。

KEEP!
10秒

2 手を限界まであげて上体をひねる

手と同じ側のかかとを持つように、体をひねる。反対の手は上へ思いきり伸ばして、10秒キープする。反対側も同様に行う。

▶POINT
手をできるだけあげて、おなかを伸ばす。

ここに効く！

リンパ	おなか、そけい部のリンパ
筋　肉	腹直筋・外腹斜筋・内腹斜筋・脊柱起立筋

10秒キープ　左右5セット

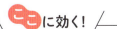

不眠

手と足を高くあげて不眠を解消

1 床に四つんばいになる

手足を肩幅に開いて、四つんばいになる。

2 右手と左足を思い切りあげて弓なりに

手足をあげる。キツいと感じたところで、そのまま 10 秒キープする。反対側も同様に行う。

KEEP! 10秒

▶POINT

手と足をできるだけ高くあげる。

NG!

手と足がバラバラになるのは NG。どちらも同じ高さになるように。

ここに効く！

リンパ わき、背中から腰、そけい部、太もものリンパ

筋　肉 僧帽筋・脊柱起立筋・大臀筋・ハムストリングス

10秒キープ　左右3セット

尿トラブル

内股の筋肉を鍛えて尿トラブルを予防

1 ひざの間にクッションをはさむ

クッションなどをひざの間にはさんで立つ。

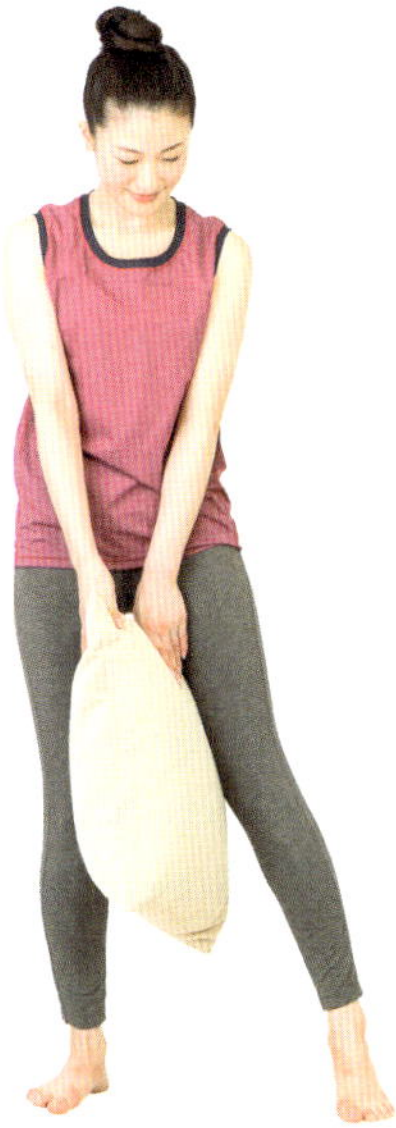

KEEP! 10秒

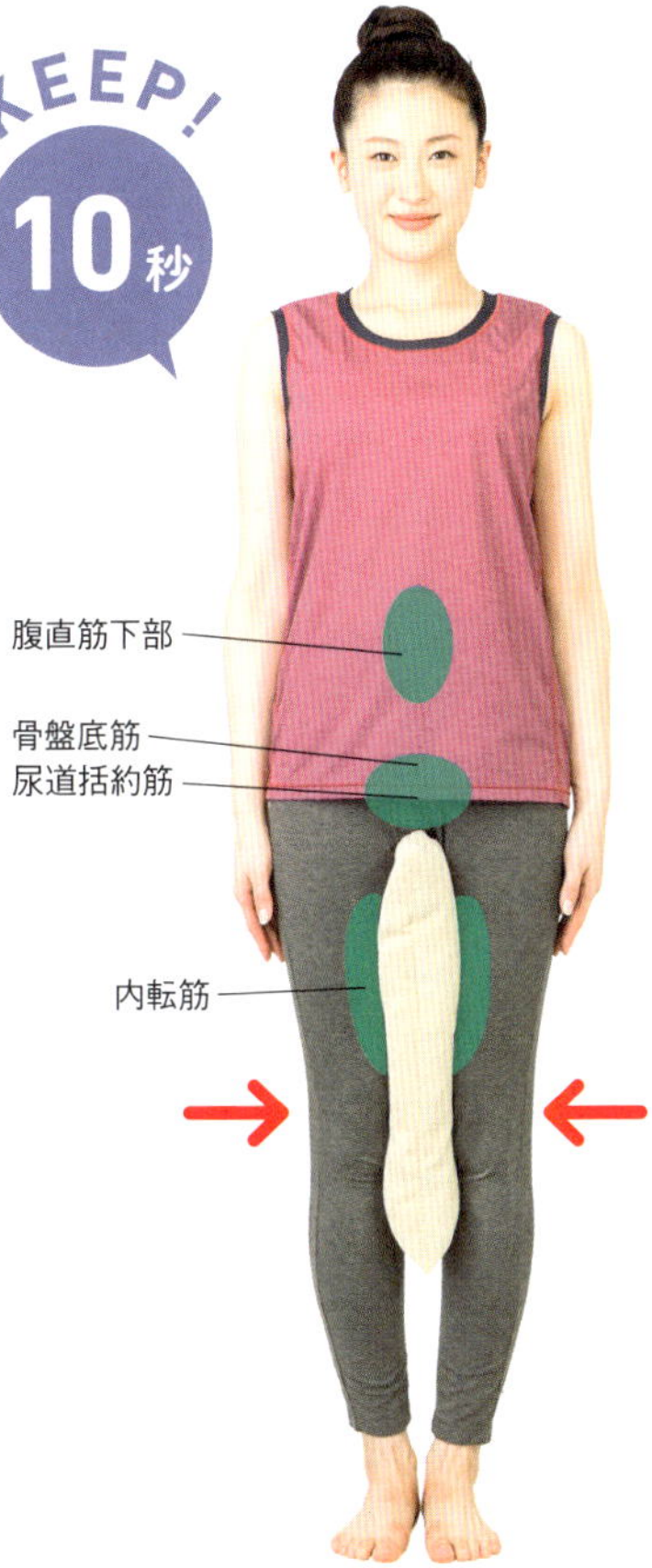

2 内股に力を入れてクッションをはさむ

内股に力を入れてクッションが落ちないようにしっかりはさむ。そのまま10秒キープする。

▶POINT

お尻の穴を締めるイメージで。

ここに効く!

リンパ	そけい部、おなか、太もものリンパ
筋肉	大臀筋裏側・腹直筋下部・骨盤底筋・尿道括約筋・内転筋

10秒キープ 3セット

Column ④

生活のなかでできること

基礎代謝より活動代謝をあげる

インナーマッスルは普段あまり使わない筋肉。だったら、ふだんと違う動きを取り入れて、活動代謝をあげていきましょう。

ダイエットには基礎代謝をあげるのが有効とよくいわれます。でも、生命維持のために必要なエネルギーである基礎代謝をあげるのは、かなりの練習量が必要で、アスリートでないかぎり、かなり難しいのです。それなら年齢とともに基礎代謝が下がらないように維持しつつ、日常生活の活動で消費される活動代謝をあげるほうが、より簡単です。

たとえば、「車をなるべく使わずに歩く」「バスや電車に乗っているときには立って、揺れを踏ん張る」「エスカレーターやエレベーターではなく、階段を使う」。そんな、日常でできるちょっとしたことでOK。インナーマッスルを育てることは、意識すれば毎日の生活でもできるのです。

リンパストレッチを生活習慣に

体を動かすときは、なるべく関節を動かすことを意識しましょう。関節の内側にはリンパ節がたくさん集まっているので、関節を動かすことでリンパの流れをよくすることができます。

生活習慣をダイエットのために変えるのではなく、生活のなかでできることをダイエットに取り入れてみてください。

もちろん、リンパストレッチ&リンパメトリックも生活習慣のひとつにしてもらえれば、活動代謝がぐんとあがります。さらにダイエットの近道になりますよ。

おわりに

さて、はじめて本書を通じてリンパストレッチをしていただきました。いかがでしたか？

ちょっと体を動かしただけで、今まで冷えきっていた手足の先がポカポカしてきませんでしたか？　それは、筋肉がポンプとして使われ、停滞していたリンパが勢いよく流れはじめたからです。

初めのうちは、なかなか思うように体が動かないかもしれません。でも、毎日1回10秒だけでも続けていけば、「以前より体が曲がるようになった」「肩や背中がらくになった」と、体が変わっていくのが実感できます。

見た目だけ細い体になるのではなく、リンパストレッチを習慣化して続けることで、栄養素が体のすみずみまで行き渡ると同時に余分な脂肪が減ります。

ぜひ、健康的で若々しい体を本書で実現させてください。

加藤雅俊

＊本書はリンパストレッチ、リンパメトリックの効果を１００％保証するものではありません。効果には個人差があります。

＊リンパストレッチ、リンパメトリックを行なった際に体に異変が生じたり、痛みを感じたりした場合は、すみやかに中止してください。

【著者紹介】

加藤 雅俊

ミッツ・エンタープライズ株式会社 代表取締役。

JHT 日本ホリスティックセラピー協会 会長。

JHT 日本ホリスティックセラピストアカデミー校長。

予防医療家。薬剤師。体内環境師®。

薬に頼らず症状に対して食事や運動、東洋医学、ツボ押しなどの多方面からアプローチする医療をめざす「ホリスティック」という理念を日本で初めて唱えた第一人者。1995 年に総合的な予防医療を目指し起業。同時にサロン、スクールを展開。他に類を見ない「癒しと医学の融合スタイル」がテレビ・雑誌等で取り上げられ話題となる。2004 年に「社会文化功労賞」を受賞。近著に Dr. クロワッサン『新装版 リンパストレッチで不調を治す！』（マガジンハウス）、『5大リンパを流せば病気にならない！ 1日 60 秒リンパストレッチ』（日本文芸社）他多数。著書累計 160 万部を突破。

〈加藤雅俊から直接学べるセミナーやストレッチ教室を随時開催〉
JHT 日本ホリスティックセラピストアカデミー
http://www.jht-ac.com/

10秒のリンパストレッチで 全身がみるみるやせる!

2017 年 3 月29日　第 1 版第 1 刷発行
2019 年 6 月20日　第 1 版第 9 刷発行

著　　者　加藤雅俊
発 行 者　安藤　卓
発 行 所　株式会社PHP研究所
京都本部 〒601-8411　京都市南区西九条北ノ内町 11
教育出版部　☎075-681-8732(編集)
家庭教育普及部　☎075-681-8554(販売)
東京本部 〒135-8137　江東区豊洲 5-6-52
普及部　☎03-3520-9630(販売)
PHP INTERFACE　https://www.php.co.jp/

印 刷 所
製 本 所　図書印刷株式会社

ISBN978-4-569-83499-3